LE PHARE

DU

DROIT INTERNATIONAL,

POLITIQUE, CIVIL ET COMMERCIAL

DE LA FRANCE

AVEC LES ÉTATS DU MONDE ENTIER.

Ouvrage paraissant par livraisons périodiques mensuelles de
40 à 50 pages in-8° chacune.

RÉDACTEUR EN CHEF,

M. GAND,

Avocat, Docteur en Droit de la Faculté de Paris,

Auteur du Traité général de l'Expropriation pour utilité publique,
appliquée aux chemins de toute espèce, aux canaux, au droit de pêche, aux mines,
aux marais, aux alignements ; ouvrage dont tous les organes de la
Presse et le Moniteur du 18 mars dernier, ont fait un éloge très
distingué, et encore du Traité du Droit constitutionnel positif,
de la France.

Cette publication intéresse

Les hommes d'état et les représentants de toutes les puissances ;
Les consuls de France en pays étrangers, et les consuls étrangers en France ;
Les membres des chambres législatives ;
L'administration supérieure et inférieure, le magistrature, le barreau ;
Les étrangers résidant en France et les Français résidant à l'étranger ;
Les négociants français et les négociants de tous les pays en relations avec la France ;
la Banque, le haut commerce, les agents d'affaires, les courtiers, les expédi-
teurs et les commissionnaires ; tous les fonctionnaires de l'administration
des douanes, des octrois, des contributions indirectes et des droits de
la navigation fluviale et maritime ; la propriété, l'agriculture,
l'industrie, les sciences et les arts.

1re ANNÉE. — 1842.

JANVIER, FÉVRIER ET MARS.

PARIS,

RUE MONTMARTRE, 154.

Sommaire des Matières et Conditions de la Souscription.

Sommaire.

Conditions de la Souscription :

Le prix de l'abonnement d'une année est de 24 fr. pour Paris, 27 fr. pour les départements et 30 fr. pour l'étranger, franc de port.

On s'abonne aux bureaux de la rédaction, 154, rue Montmartre, à Paris.

Toute demande doit être affranchie et accompagnée d'un mandat sur la poste ou sur une maison de commerce.

Avantage spécial.

Chaque abonné a droit, en sus de la réception du recueil, à une consultation gratuite, sur une question de droit quelconque, dans son intérêt personnel, pourvu qu'il en fasse la demande par une lettre explicative, ou par un mémoire affranchi.

NOTA. — On pourra s'adresser, pour les abonnements, à M. GENAUT, attaché au ministère des Affaires étrangères, bureau des Chancelleries.

LE PHARE

DU

DROIT INTERNATIONAL,

POLITIQUE, CIVIL ET COMMERCIAL

DE LA FRANCE

AVEC LES DIVERS ÉTATS DU MONDE ENTIER,

OUVRAGE DIVISÉ EN SIX PARTIES

AYANT POUR OBJET, SAVOIR :

La première, les rapports politiques des puissances entr'elles ;

La seconde, les prérogatives, droits et devoirs des légations, consulats et chancelleries, des secrétaires-interprètes et des drogmans;

La troisième, les droits civils des étrangers en France et des Français en pays étrangers ;

La quatrième, les relations commerciales par terre et par eau, les douanes, octrois, contributions indirectes et la navigation; .

La jurisprudence d'application relative à chacune de ces parties;

La cinquième, les nouvelles lois, ordonnances et instructions concernant les diverses parties ci-dessus, la jurisprudence commerciale, l'examen et la discussion des hautes questions d'économie politique ou de commerce;

La sixième enfin, les renseignements universels ou particuliers intéressant à un point de vue général le commerce et l'industrie, l'indication des principales inventions et découvertes utiles; les moyens de faciliter les rapports civils et commerciaux entre la France et toutes les puissances, les relations industrielles, agricoles, scientifiques et artistiques, soit dans un but d'utilité commune, soit dans un intérêt purement individuel.

Par M. GAND,

AVOCAT, DOCTEUR EN DROIT DE LA FACULTÉ DE PARIS,

Auteur du Traité général de l'Expropriation pour cause d'utilité publique, et du Traité du Droit constitutionnel positif de la France.

PARIS,

RUE MONTMARTRE, 154.

—

1842

Imprimerie de VASSAL frères, rue Saint-Denis, 368.

AVERTISSEMENT.

L'ouvrage que nous avons entrepris ayant pour objet, ainsi que son titre l'annonce, d'exposer les règles du droit destiné à régir les relations de la France et de ses nationaux avec les puissances étrangères et leurs sujets, embrassera dans son étendue les trois grandes divisions de ces rapports, politiques, civiles et commerciales.

S'appliquer à démontrer l'utilité de cette vaste conception, ce serait faire injure au degré de l'intelligence de l'époque, et méconnaître particulièrement la situation actuelle des esprits, ainsi que la nécessité impérieuse de mettre les notions générales et spéciales sur cette partie à la hauteur des besoins créés par l'extension toujours croissante de nos relations.

Nous possédons bien des recueils de conventions diplomatiques et de principes du droit des gens, mais la réunion des éléments qu'ils renferment, et leur codification en un extrait approprié à nos besoins, manquent à tous ceux qui, par position, sont intéressés ou obligés à se former sur ce point une théorie qui les guide dans les fréquentes applications qu'ils ont à en faire.

C'est à ces exigences, d'une réalité incontestable, que nous avons l'intention de répondre.

Nous aurions pu, à la vérité, atteindre le but indiqué en nous livrant à une composition complète que nous n'aurions mise au jour qu'après sa perfection définitive, et nous ne nions pas

1.

que ce mode n'eût présenté des avantages réels.

Cependant, nous avons cru devoir céder à des considérations non moins imposantes, que l'on rencontre dans une composition successive.

Elles consistent en ce que appelant, par une publication qui indique nos vues et leur mise à exécution, toutes les capacités à une collaboration sérieuse, nous espérons parvenir, à l'aide de ce concours, à une perfectibilité qu'il est difficile d'obtenir dans l'isolement de ses propres forces.

Aussi convions-nous sincèrement toutes les spécialités à nous communiquer leurs observations, leurs réflexions, leurs idées; nous les recevrons avec reconnaissance, nous en ferons profit, et nous indiquerons quand elles le désireront les sources auxquelles nous nous serons inspiré.

Nous ne nous dissimulons pas néanmoins que cette forme sera un obstacle à ce que l'on puisse observer, dans la réunion des livraisons périodiques, la séparation des diverses matières et à grouper chacune d'elles dans une partie distincte, comme on l'eût fait dans un ouvrage dont toutes les fractions, classées d'un seul jet, eussent été coordonnées relativement à leur ensemble; mais, quoique grave, cet inconvénient ne nous a pas arrêté, parce que nous avons un moyen bien simple d'en annihiler les effets, et de concilier ainsi les avantages de chacune des deux formules.

Il consiste en la rédaction d'un dictionnaire ou répertoire alphabétique qui présentera sous chaque mot un extrait de la doctrine, avec renvoi indicatif à la partie du journal d'où il sera tiré. Quoique laconique, cet extrait sera assez substantiel pour dispenser le lecteur, dans la majeure partie des circonstances, d'interroger la source. Mais comme il ne pourra paraître qu'après l'épuisement des livraisons, il sera provisoirement suppléé dans la collection de celles de chaque année par une table alphabétique relative à chacune d'elles.

Enfin, nous avons cru devoir remplacer le prospectus d'usage, courrier obligé de toute œuvre scientifique, et d'une véracité si souvent équivoque, par un procédé qui, en une seule et même pièce, résume l'explication étendue de nos projets, et donne, par des exemples d'application, l'idée exacte de la manière dont nous nous proposons de les réaliser dans l'exécution.

OBJET DE CETTE PUBLICATION.
EXPLICATION DU PLAN ET DIVISION DES MATIÈRES.

Le droit international, considéré du point de vue général et élevé que présente son étymologie, embrasse tous les rapports de nation à nation, de peuple à peuple.

Quoique cette dénomination soit, en langage diplomatique, employée dans une acception plus restreinte, et spécialement pour désigner le droit qui régit les relations politiques des états entr'eux, cependant, aux yeux de la science, elle nous paraît devoir conserver la signification étendue que nous lui attribuons, parce qu'elle la tient, suivant nous,

de l'idée que représente à l'esprit l'expression
même qui sert à qualifier cette espèce de droit.

Nous comprenons donc, sous le titre de droit
international, la collection des règles établies et
reconnues comme devant servir à déterminer
entre les puissances :

1° Leurs rapports politiques ; 2° les prérogatives, droits et devoirs des légations en général, et des consulats et chancelleries en particulier ; 3° les droits civils dont les membres des
divers états jouissent respectivement chez les autres nations ; 4° leurs relations commerciales
par terre et par mer, ou, en d'autres termes,
les principes de la législation des douanes, des
octrois, des contributions indirectes et de la navigation ; 5° les lois et ordonnances nouvelles
intéressant le commerce, la jurisprudence commerciale, l'examen et la discussion des questions
importantes d'économie politique ou commerciale. Chacun de ces objets sera traité dans une
partie distincte, et nous consacrerons un chapitre
spécial, qui formera la sixième partie, à donner,
comme un complément des autres et comme
un moyen d'appliquer les préceptes qu'elles renferment, toute espèce de renseignements qui
peuvent intéresser le commerce, l'indication des
inventions et découvertes réellement utiles, celle
des moyens de faciliter les rapports civils et
commerciaux, les relations industrielles, agricoles, artistiques et scientifiques, enfin les réclamations d'intérêt privé.

PREMIÈRE PARTIE.

DES RAPPORTS POLITIQUES

DES PUISSANCES ENTR'ELLES.

Polémique, droit et jurisprudence y relatifs.

Le droit international, qui régit ces sortes de rapports, se compose des préceptes du droit naturel, de l'usage constant adopté et suivi, sinon par tous les peuples civilisés, au moins par la majeure partie d'entr'eux, et dont l'observation est attestée par les documents de l'histoire.

Il est enfin le résultat des traités particuliers intervenus entre les puissances, soit pour confirmer par des stipulations expresses l'application à leur position particulière et à leurs relations respectives de ces préceptes et traditions, soit pour y apporter des modifications commandées par des intérêts de circonstance.

Le droit qui naît de cette source spéciale est comme celui qui, en matière civile, devient la conséquence d'une convention particulière ; il est bien obligatoire pour les contractants, mais il ne fait pas loi pour ceux qui n'ont pas pris part au traité.

Les clauses et conditions d'un tel pacte politique ne constituent. donc qu'un droit particulier à ceux entre lesquels il est intervenu, et comparativement au droit des gens proprement dit, il ne peut être réputé droit international qu'en faisant dériver cette signification uniquement de la dénomination qualificative des parties pour lesquelles la règle spéciale qu'il établit est créée : il est à l'autre, comme l'espèce est au genre.

Mais malheureusement, le mot droit n'a pas dans l'observation de ces rapports son acception propre, et ce n'est que par un abus dérisoire de l'expression qu'on conserve ce nom à des lois violées impunément.

En effet, le droit tel que nous le concevons, tel que le définissent tous les jurisconsultes, est le résultat des dispositions d'une loi à laquelle on peut être contraint de se soumettre par une puissance supérieure, il est une règle qu'on est forcé de respecter.

C'est ainsi que celui qui emprunte est obligé de rendre, en vertu de la loi qui le déclare débiteur, par une disposition qui crée au profit du prêteur le droit de réclamer la restitution de la chose prêtée.

Et l'on dit avec raison que ce dernier a le droit d'exiger cette restitution, parce que si l'emprunteur ne veut pas reconnaître ce droit et s'y soumettre

volontairement, le prêteur pourra le traduire devant les tribunaux, obtenir un jugement de condamnation, et en user pour le faire contraindre
par la puissance publique à exécuter le jugement :
ce n'est pas seulement la disposition de la loi
qui constitue le droit de celui en faveur de
qui elle prononce, c'est surtout la certitude de
le faire observer de la part de l'obligé nonobstant
sa résistance, quelque forte qu'elle soit.

C'est la possibilité incontestable d'obtenir
contre lui la répression de tout acte de violation
du droit.

Mais, quand il n'existe pas de puissance supérieure qui puisse forcer la partie adverse à respecter le droit du réclamant, ou à s'abstenir envers lui de violer les règles les plus sacrées; quand,
en un mot, le plaignant ne peut obtenir justice
que de son épée, et dès-lors qu'autant qu'il est
le plus fort, il est évident qu'il ne s'agit plus entr'eux de savoir qui a raison ou tort d'après les
règles établies, mais bien d'attendre le résultat de
la lutte pour connaître dans le vainqueur celui
dont la prétention prévaudra.

On ne peut donc rationnellement donner le
nom de droit aux conséquences qui résultent de
l'application des principes de ce qu'on nomme le
droit des gens, puisque les difficultés qui s'élèvent entre souverains se décident, non par la
doctrine, mais par la violence; qu'ils ne sont pas,
comme les particuliers, tenus de soumettre leurs

différends à des tribunaux dont ils sont contraints au besoin par la force à exécuter les décisions; qu'enfin, juges et parties dans leur propre cause, ils ne reconnaissent aucun supérieur,
aucune autorité au-dessus de leur volonté.

C'est donc, non le bon droit de son antagoniste,
mais les forces dont il dispose, qui peuvent déterminer un souverain qui ne se croit pas capable de résister ou de l'emporter à lui faire justice.

On objectera peut-être que cette conclusion
suppose un souverain de mauvaise foi, et qu'il ne
faut pas, sur une hypothèse exceptionnelle, fonder
la règle générale de la force comme principe du
droit entre monarques.

D'abord, la mauvaise foi n'est pas la cause
exclusive d'une résistance injuste, car celle-ci
souvent provient d'une erreur compatible avec le
sentiment de l'équité.

Ensuite, si le prince à qui la demande est
adressée y donne les mains, déterminé soit par
la légitimité de la prétention, soit par d'autres
considérations, il ne sera pas question dans une
telle hypothèse de rechercher si l'application
des conséquences ordinaires du droit peut être
faite.

Il faut pour en juger, par comparaison avec
l'acception que nous lui donnons en matière civile, supposer comme en celle-ci un refus déterminé par un motif quelconque, juste ou in-

juste, peu importe, et voir si ce sera par la force
ou par la règle établie que se tranchera la difficulté.

On ne peut donc pas, en droit politique, affir-
mer par avance, comme en droit civil, que tel cas
se présentant, la question sera décidée dans tel
sens, parce que la solution ne dépend pas, comme
au civil, de principes connus et dont la conséquence, relativement au fait en litige, se tire par
le raisonnement, mais qu'elle tient au contraire
aux considérations tirées de l'appréciation éven-
tuelle que fait chaque souverain des chances de
la lutte dans laquelle une persistance de demande
ou de refus va l'engager.

Aussi la science politique consiste moins dans
la connaissance du droit des gens, qui ne peut
avoir qu'une part d'influence très secondaire
dans la détermination des puissances sur le point
contesté, que dans celle des conséquences avan-
tageuses ou périlleuses qui seront la suite nécessaire ou possible du parti à prendre de leur part.

Le talent du diplomate doit s'exercer dès-lors
plus en fait qu'en droit, c'est-à-dire, que sans
négliger les raisons d'équité et de justice, il doit
s'attacher principalement à démontrer, par l'évidence et la force des présomptions, que le refus
de la voie qu'il indique peut attirer de graves
dangers, de grandes pertes à l'état auquel il la
propose, ou que son adoption peut lui procurer
des avantages : en un mot, fonder le succès plus

sur la perspective qu'il fait ressortir de l'intérêt réel, définitif et durable de celui auquel il s'adresse, que sur la justice de la demande qu'il lui présente.

En effet, la question de droit est toujours contestable, soit parce qu'on peut discuter sur le principe, soit parce que le principe admis, on se retranche dans la discussion de son application à l'espèce.

Mais il n'en est pas de même de l'intérêt, aussi est-il devenu la base du droit des gens actuel ; c'est en réalité sous le titre de principe d'*équilibre européen* qu'on en a fait, ou plutôt qu'on en a reconnu la règle dans toutes les négociations, et dans les traités intervenus depuis un demi-siècle entre les puissances.

Qu'est-ce en effet que cette situation adoptée par les puissances comme une règle de droit et de conduite, et comme le but auquel toutes doivent tendre, sinon l'intérêt particulier de chacune à ce qu'aucune d'entr'elles n'accroisse l'étendue de sa domination et de son territoire ! Car toute augmentation de l'une affaiblit d'abord directement celle au préjudice de laquelle elle s'opère, ensuite elle affaiblit indirectement, par voie de conséquence relative, toutes les autres. C'est l'application du progrès : celui qui ne marche pas et qui reste en place quand les autres avancent recule, non pas réellement, mais relativement.

C'est bien à ce principe moderne, exploité avec habileté par M. de Talleyrand, que nous devons la conservation de l'intégrité du royaume de France, naïvement attribuée à la modération des augustes alliés de Louis XVIII : s'il se fût agi d'un trésor en espèces, dont chacun d'eux eût pu dans le partage obtenir un lot convenable, leur haute considération pour lui n'eût pas empêché la division.

Il est bien encore un autre moyen de prévenir la guerre, et de résoudre pacifiquement un différend survenu entre deux états, c'est celui de la médiation.

Enfin, les ligues défensives et offensives sont aussi des voies à l'aide desquelles les faibles peuvent, en opposant des forces égales ou supérieures à un adversaire puissant, se soustraire à l'abus de la violence, et le forcer, par la crainte du danger dont le menace une alliance formidable, à s'abstenir d'une injustice.

Mais toutes ces éventualités concourent à établir que chaque cas particulier, en matière de droit politique international, reçoit la loi de la position actuelle des deux parties et de la situation générale des autres puissances, au point de vue de l'intérêt d'universalité que présente la question, et qu'elle doit se vider par le nombre et la force des boules que ces intérêts viennent déposer dans l'urne du scrutin ouvert par la diplomatie.

Nous nous abstiendrons donc d'entrer dans
le détail des traités et usages qui établissent le
droit des gens.

Ce serait, comme on le voit, une partie plus
curieuse à connaître qu'utile dans la pratique :
le droit des gens consiste uniquement en règles
spéculatives; on ne peut plus, en cette matière,
compter sur des lois positives, puisqu'il n'y a
point d'obligations, puisqu'il n'en existe pas
dont la légalité et la teneur soient garants de leur
exécution forcée de la part de celui auquel on
les oppose.

Nous croyons donc devoir conclure de cette
démonstration, que pour offrir quelques ensei-
gnements intéressants, nous aurons à discuter
chacune des questions de droit politique international qui se présentera, et à le faire d'après les
bases que nous venons d'indiquer.

C'est en suivant cette marche que nous traiterons dans un des plus prochains numéros du
droit de visite.

Toutefois, en nous livrant à cette digression,
nous n'entendons pas protester contre l'étude du
droit des gens; nous la regardons au contraire
comme devant être pour le diplomate une source
féconde à laquelle il puisera de précieux argu-
ments; présentés dans le cours des discussions
qu'il soutiendra, sous le titre de considérations,
ils tireront de l'usage adopté à cet égard par toutes les nations une autorité que la voix isolée de

la raison, sans l'appui de la consécration univer-
selle, ne leur pourrait concilier.

Or, c'est dans l'histoire que se trouvent les
éléments de la science philosophique du droit des
gens; c'est dans ce tableau de la vie passée qu'on
acquiert l'expérience de l'avenir par des induc-
tions d'une évidence mathématique, car si les
hommes changent et se succèdent, les passions
restent. En sorte qu'on pourrait, leur appliquant
le système de la métempsycose, prédire, que de
même que celles qu'on remarque chez les hommes
d'aujourd'hui existaient chez ceux d'autrefois, on
les retrouvera encore dans les générations futures.

Jurisprudence du Droit international.

L'abolition du droit d'aubaine et de détraction,
stipulée entre deux puissances par un traité, est-
elle anéantie par la guerre survenue entr'elles?

Nota. On appelle aubaine le droit en vertu duquel le souverain recueille, au préjudice des héritiers sujets d'autres états, la succession de l'é-
tranger qui meurt dans son royaume sans y être
naturalisé;

Et détraction, celui par lequel le souverain
distrait à son profit une certaine partie des successions qu'il permet aux étrangers de venir recueillir dans son royaume.

Cette question est d'un immense intérêt pour

les Français qui résident en pays étranger, qui
y acquièrent ou y possèdent des propriétés, qui
y laissent des successions, où qui sont intéressés,
soit dans les successions déjà échues au dehors,
mais non encore recueillies, soit dans celles qui
viendraient à s'y ouvrir par la suite à leur profit;
car, si en principe la survenance de la guerre
entre deux états abrogeait de plein droit les conventions diplomatiques antérieures sur l'abolition
réciproque du droit d'aubaine et de celui de
détraction, il en résulterait que, dominés de la
crainte de ne pas transmettre en cas de décès
leurs successions *ab intestat* ou testamentaires
à leurs parents Français, et de les voir dévolues
ou à la puissance chez laquelle se trouveraient
les biens meubles ou immeubles qui les composent, ou aux parents sujets de cette puissance
exclusivement aux premiers, ils s'abstiendraient
d'acquérir, ou s'imposeraient des réserves qui,
arrêtant le développement de leur commerce,
deviendraient des obstacles préjudiciables à l'a-
mélioration de leur fortune.

Par la même raison, la solution de cette hypothèse n'est pas moins importante à connaître
pour les étrangers résidant en France ; nous
croyons donc, en la discutant, faire une œuvre
utile aux uns et aux autres.

La cour de Turin, alors cour impériale française, a jugé la négative le 10 janvier 1810,
S. 14-2-223.

Elle s'est fondée sur ce que, quand la suppression du droit d'aubaine était, comme en l'espèce jugée, réciproque entre les deux pays, la guerre n'empêchant pas nécessairement l'exécution de cette convention, elle devait continuer à recevoir son application tout le temps que l'une des deux puissances belligérantes n'avait pas exprimé formellement ou tacitement son intention de cesser de lui faire produire effet, de la révoquer.

Pour l'affirmative, on a prétendu que l'état de guerre annulait tous les traités, et l'on en a donné pour raison qu'il remettait les deux nations belligérantes dans l'état de nature l'une envers l'autre; et comme on suppose que pour faire cesser le droit d'aubaine, il faut un acte dérogatoire, la conséquence était, que les traités qui en avaient stipulé l'abolition se trouvaient anéantis de plein droit.

Nous croyons que l'une et l'autre de ces opinions sont trop exclusives chacune dans son sens.

La guerre entre deux puissances est aux prétentions respectives de celles-ci, ce que sont les procédures et jugements relativement aux prétentions que les particuliers élèvent les uns à l'égard des autres.

La guerre décide au premier cas, comme les tribunaux prononcent au second, sur le mérite des réclamations; ici c'est le droit de la raison qui est censé le juge de l'action, là c'est celui de

2

la force qui devient le principe de la solution.

Or, de même que l'instance devant la juridiction civile n'annule pas de plein droit la convention, que son effet se borne à en suspendre l'exécution, en sorte qu'elle ne peut être réclamée par aucune des parties, de même pendant l'état de guerre l'exécution des traités politiques doit être simplement arrêtée, et le sort de ces traités, sous le point de vue de leur maintien ou de leur abrogation, demeure subordonné au résultat de la guerre.

Si donc, par l'événement de la lutte et de la paix qui en sera la suite, la convention diplomatique antérieure sur l'abolition du droit d'aubaine et de détraction est maintenue, la guerre sera considérée comme n'y ayant porté aucune atteinte; il en sera de cette hypothèse comme de celle où la convention contestée au civil est reconnue légale par le juge appelé à connaître de sa validité; l'instance qui en avait pour un instant entravé l'exécution est réputée non avenue sous ce rapport, et la décision a un effet rétroactif qui fait remonter au jour de l'acte l'application de celui-ci.

Si au contraire la guerre se termine par un traité qui abroge expressément ou tacitement la convention destructive du droit d'aubaine, alors, d'après la règle ci-dessus, cette abrogation remonte pour ses effets à l'époque de la survenance de la guerre; en conséquence, à partir de ce jour, le droit est réputé devoir produire ses effets relativement à la faculté de disposer par donations ou par testaments, et de transmettre par succession à leurs parents nationaux, de laquelle se trouvent privés les étrangers résidant dans le pays qui ne juge pas à propos de l'abolir.

C'est en appliquant ces principes, que par arrêt du 9 juin 1825, S. 26-1-402, la cour de cassation a jugé que les anciens traités intervenus entre la France et la ville libre de Francfort, sur l'abolition réciproque du droit d'aubaine, n'avaient pas été annulés de plein droit par la guerre, mais qu'ils avaient été simplement frappés de suspension dans leur exécution, et avaient dès lors repris tout leur effet à la paix.

Déjà elle avait appliqué la même théorie à une espèce par elle jugée le 15 juillet 1811, par un arrêt rapporté au recueil de Sirey, 11-1-301.

On voit, par cette digression, que le droit d'exclure un héritier de la succession des biens de son parent décédé dans un état autre que celui de cet héritier, est considéré comme un principe naturel de droit international.

Il repose sur cette règle, que le droit de transmettre par succession *ab intestat* ou par testament est un droit civil, car celui qui transmet en pareil cas n'existant plus, la loi seule opère et fait exécuter la transmission; il n'y a donc que les membres de l'état pour lesquels la loi est faite, il n'y a que les membres de l'état en faveur desquels doit agir la force publique de cet état

qui doivent être admis à en invoquer l'effet. Ne
paraît-il pas équitable que supportant seuls les
charges qu'entraîne pour chacun de ses membres
toute association politique, seuls, en retour, ils
soient admissibles à en recueillir les avantages et
à en réclamer la protection !

Voilà pourquoi le droit d'aubaine se trouve
être un principe de droit commun.

Il n'est pas consacré par un texte formel, mais
il est le résultat forcé de cette circonstance que
nous venons d'indiquer, que la loi civile, qui par
son autorité seule opère la transmission d'une
succession à l'héritier, ne peut être invoquée que
par ceux pour lesquels elle est faite.

Aussi existait-il autrefois chez tous les peuples,
il y était réputé conséquence légitime de l'organisation sociale, et il subsistait dès lors sans la
nécessité d'une institution expresse du pouvoir
législatif.

L'histoire prouve qu'il continua d'être observé
pendant tout le temps qu'il ne fut pas abrogé par
la puissance chez laquelle il était suivi et exé-
cuté.

En France, nos lois se sont ressenties à cet
égard des situations diverses dans lesquelles
nous nous sommes trouvés successivement placés
à l'égard de nos voisins. Ainsi, lors de la promulgation du code civil, ses rédacteurs adoptè-
rent pour règle sur ce point le principe d'une
entière réciprocité ; ce furent là les motifs déter-

minant des art. 726 et 912. Mais, par suite des
traités survenus depuis la restauration, l'abolition de ce droit ayant été consentie par les puissances étrangères, il devint d'une nécessité com-
mandée par la justice d'approprier les dispositions de notre droit civil à ces stipulations politiques, et ce fut l'objet d'une loi spéciale qui intervint le 14 juillet 1819.

Mais comme les lois de nos voisins ne sont
pas toutes aussi libérales que chez nous sur l'éga-
lité des partages, et qu'il eût pu se faire qu'il ré-
sultât de l'application de chacune d'elles aux
biens qu'elle régissait un préjudice quelconque
pour les Français concourant avec des étrangers
dans le partage d'une succession dont l'actif eût
été situé pour partie en France et pour partie à
l'étranger, il fut, par la prévision de l'art. 2 de
la même loi, pourvu à cette éventualité.

En conséquence, il porte que, « dans le cas de
» partage d'une même succession entre les co-
» héritiers étrangers et français, ceux-ci prélè-
» veront sur les biens situés en France une
» portion égale à la valeur des biens situés en
» pays étrangers, dont ils seraient exclus à quel-
» que titre que ce soit en vertu des lois et cou-
» tumes locales. »

Nous devons cependant ajouter, que la géné-
néralité des dispositions de cette loi nous place,
relativement à certains états où s'exerce encore
aujourd'hui le droit d'aubaine sur les successions

des Français qui y sont situées, dans une position de désavantage qu'il serait de notre intérêt de faire cesser par le rétablissement à leur égard de la règle abrogée d'une manière trop absolue.

DEUXIÈME PARTIE.

DU

DROIT DES LÉGATIONS,

DES CONSULATS

ET DES CHANCELLERIES.

Cette partie embrasse dans sa généralité, les attributions des représentants français en pays étrangers, et celles des représentants étrangers en France.

Il est inutile d'exposer à ces fonctionnaires combien est importante pour eux la connaissance des principes et des règles qui déterminent leurs droits et obligations relativement à leurs nationaux entr'eux, relativement aux rapports de ceux-ci avec les régnicoles du pays où ils se trouvent, et enfin relativement au gouvernement près duquel ils sont accrédités.

Car ce serait supposer qu'ils ne comprennent pas les devoirs élémentaires et le seul objet de la mission qu'ils sont appelés à remplir.

Nous sommes donc convaincus de capter leur attention et de provoquer leur intérêt en exposant ici, dans un premier chapitre, les prérogatives attachées au titre dont ils sont revêtus; dans un second, leurs diverses fonctions, et en sub-

divisant chacun de ces chapitres en deux sections,
dont l'une sera destinée aux représentants étrangers résidant en France, et l'autre aux représentants français placés auprès des puissances
étrangères. Cet ordre n'étant dicté que par l'esprit de politesse, apanage du caractère français,
est absolument en dehors des préséances politiques.

CHAPITRE Iᵉʳ.

DES PRÉROGATIVES, PRIVILÉGES, IMMUNITÉS ATTACHÉS A LA PERSONNE DES REPRÉSENTANTS FRANÇAIS ET ÉTRANGERS.

Ces représentants ont tous pour dénomination
générique celle de ministres publics.

Mais entr'eux on en distingue de plusieurs espèces, ordres ou degrés.

Aux plus relevés, on donne le titre de nonces,
d'internonces, d'ambassadeurs ordinaires ou ex-
traordinaires, suivant la nature permanente ou
temporaire de leur mission.

Viennent ensuite les envoyés ordinaires ou ex-
traordinaires, suivant les distinctions ci-dessus.

Après ceux-ci, on reconnaît des ministres ré-
sidents, plénipotentaires, des ministres, ordinaires, des chargés d'affaires, et enfin des agents
et consuls.

Nous nous expliquerons dans les numéros sui-

vants sur la compétence des tribunaux français,
relativement aux autres catégories de représentants; nous allons commencer celui-ci par définir
tout ce qui concerne le droit relatif aux consuls,
après une analyse succinte des principes généraux communs à tous les représentants indistinctement. La raison de cet ordre est puisée
dans la nature même de la mission de chacun
d'eux. En effet, les prérogatives des derniers,
relativement à la juridiction des tribunaux, étant
moins étendues que celles des premiers, il con-
venait de parler d'abord des droits de ceux-là,
puisqu'ils sont communs à tous, et de réserver
pour les autres l'exposé spécial des régles qui,
leur étant particulières, constituent des espèces
d'exceptions.

OBSERVATION PRÉALABLE.

Depuis le 19 brumaire en viii jusqu'à la promulgation du sénatus-consulte du 8 floréal an xii,
les puissances étrangères s'accordaient avec le
gouvernement français, pour ne donner à leurs
consuls réciproques d'autre dénomination que
celle de commissaires aux relations commerciales; voilà pourquoi on rencontre cette qua-
lification dans les monuments de législation et
et de jurisprudence de l'époque, dont on fait
aujourd'hui l'application aux consuls.

En général, les consuls sont établis dans les

ports et dans les grands centres d'action commerciale, pour y protéger les nationaux qui,
sans renoncer à leur patrie, y ont formé des
établissements de commerce ou y sont conduits
par leurs affaires. Cependant, de ce que l'agent
d'une puissance n'est revêtu que du titre de
consul, il ne s'ensuit pas nécessairement que
sa mission soit inclusivement renfermée dans
l'objet des relations commerciales entre les deux
puissances : il est mandataire du gouvernement
qui l'envoie, et le titre ostensible sous lequel il est
accrédité ne peut jamais que former une simple
présomption sur la nature de ses pouvoirs : ce
sont ses lettres de créance, sa commission qui en
déterminent la nature et l'étendue d'une part ;
c'est l'ordonnance d'*exequatur* qui le fixe, relativement à l'état près duquel il est envoyé de
l'autre.

SECTION Iʳᵉ.

DES REPRÉSENTANTS ÉTRANGERS EN FRANCE.

En leur qualité de ministres publics du gouvernement qui les a commissionnés, ils conservent le titre de membres de l'état administré par
ce gouvernement; en conséquence, leur résidence
en pays étranger, de quelque longue durée elle
ait été, ne leur fait pas perdre ce titre; elle ne
leur acquiert aucuns droits et ne les soumet à
aucune des obligations attachées à la qualité de
régnicole du pays où ils se trouvent.

Leur personne est inviolable, ils sont hors de la juridiction locale.

Nous verrons, troisième partie, que le Français qui accepte une fonction publique d'une puissance étrangère perd, par cette acceptation, la qualité de Français, et que quand même, pour éviter les conséquences de cette perte, il aurait obtenu du roi l'autorisation préalable d'accepter la fonction, il ne pourrait, aux termes de l'article 24 du décret du 26 août 1811, jamais être accrédité comme chargé d'une mission qui le mettrait dans le cas de paraître en France avec un costume étranger.

L'inviolabilité de la personne du ministre n'étant établie par le droit des gens que dans le seul but qu'il ne puisse être mis dans l'impossibilité de remplir ses fonctions, il s'ensuit qu'elle ne s'étend pas à ses biens, qu'en conséquence il est justiciable des tribunaux du pays pour raison des obligations qu'il a contractées, dans les mêmes cas où le serait un étranger qui aurait contracté envers un Français, et que, sauf la contrainte par corps, on peut en poursuivre l'exécution contre lui par les autres voies de droit, notamment par saisie et vente de ses biens.

Cependant, il faut en excepter la maison qu'il occupe si elle est à lui, les meubles qui la garnissent, les équipages appartenant au caractère de ministre, parce qu'étant nécessaires à l'accomplissement de ses fonctions, le principe de l'inviolabilité de sa personne s'étend à ces choses, les motifs de ce principe s'y appliquant de plein droit.

Le ministre public soumis à la juridiction du pays de sa résidence dans tous les cas où il l'y serait s'il résidait dans sa patrie, ne peut, par suite de la fiction qui le suppose, même lorsqu'il habite la France en sa qualité, toujours résidant et domicilié en pays étranger, être assigné qu'en la forme qu'on devrait employer si la fiction était une réalité.

La cour royale de Paris a même jugé, que les personnes attachées à une ambassade étrangère ne pouvaient être poursuivies devant les tribunaux civils de France, à raison des obligations par elle contractées pour le compte de l'ambassade, en quoi elle nous paraît avoir méconnu les véritables principes que nous venons de déduire, Sirey, 12-2-12, arrêt du 29 juin 1811 ; il suffit en effet, pour l'observation du principe d'inviolabilité, que la mise à exécution ne puisse avoir lieu : ce qui prouve que c'est dans cette prohibition seule que réside l'inviolabilité, c'est que le créancier qui, s'adressant aux tribunaux du pays de l'ambassadeur, obtiendrait contre lui une condamnation, ne pourrait l'exécuter contre lui en France ; il faut donc remonter au principe de cette inviolabilité et reconnaître qu'il n'exige d'autre conséquence que celle que nous avons indiquée.

Les consuls étrangers ne peuvent être poursuivis devant nos tribunaux à raison des actes qu'ils font en France, par ordre de leur gouvernement et avec l'autorisation du gouvernement français.

En conséquence, et par application de cette doctrine, la cour de cassation a annulé, comme contraire au droit des gens et à l'inviolabilité des ministres des puissances étrangères, par son arrêt du 3 vendimaire an IX, un jugement de la justice de paix de Marseille du 1er frimaire précédent.

Par ce jugement, le vice-consul de la république ligurienne avait été condamné à remettre au sieur Grillo, Ligurien, des effets que le premier avait fait saisir d'après les ordres de son gouvernement, directoire exécutif ligurien, avec l'approbation et le concours des autorités françaises.

Or, une telle décision contenait un excès de pouvoir, une entreprise sur l'indépendance mutuelle des nations, une atteinte à l'inviolabilité du caractère de ministre d'une puissance étrangère; elle avait dès-lors encouru la censure de la cour suprême, et par conséquent ne pouvait résister à la cassation, qui en fut provoquée d'office par le ministère public et prononcée par la cour.

Les ministres publics sont indépendants de l'autorité de l'état où ils sont accrédités, en matière de crimes et de délits.

C'est ce que la cour royale de Paris a jugé implicitement, à l'occasion d'une action fondée sur une violation de dépôt exercée contre un sieur A..., représentant d'une puissance étrangère en France. Arr. du 5 avril 1813, S. 14-2-306.

Tel est le principe général, auquel il est fait des exceptions que nous allons indiquer.

D'abord, lorsqu'il s'agit de prévenir des crimes ou des délits, les ministres peuvent être contraints à observer les réglements du pays, pourvu que la voie employée ne les mette pas hors d'état de remplir leurs fonctions.

En second lieu, il résulte implicitement de la loi du 13 ventôse an ii, que le gouvernement a seul qualité pour décider en pareil cas du parti à prendre; mais que toute poursuite ordinaire de la justice répressive est interdite, et les usages constants qui établissent le droit des gens, consacrent la règle que le gouvernement doit se borner ou à renvoyer le ministre à son souverain, ou à s'abstenir d'aucune procédure extraordinaire contre lui.

Ils ne sont pas soumis aux taxes personnelles et directes, et la fiction qui les suppose en pays étranger exempte de droits de douane et d'octroi les objets qui sont importés pour leur usage ; mais comme cette immunité n'est fondée que sur la réciprocité de la part des puissances étrangères envers nos représentants, elle cesserait si celle-ci n'avait pas lieu. Elle n'est pas même observée, comme nous allons le voir, relativement aux consuls.

Leurs hôtels sont inaccessibles aux ministres ordinaires de la justice : l'assemblée constituante reconnut le principe sur la plainte des ambassadeurs étrangers, transmise par lettre du ministre des affaires étrangères, en date du 11 décembre 1789.

Mais cette franchise n'étant établie qu'en faveur du ministre et de ses gens, ne s'étend pas aux malfaiteurs qui ne sont pas attachés à sa personne.

En un mot, sa maison n'est pas une salle d'asile ; cependant le droit des gens établi dans ce sens en France, par une ordonnance de François Ier de 1539, relativement aux ministres étrangers, n'est pas soumis à la même restriction chez toutes les puissances étrangères.

On avait prétendu que, suivant Nornac, publiciste distingué, ces privilèges n'appartenaient pas à toute espèce de ministres, mais seulement et exclusivement à ceux du premier ordre.

Cette distinction fut rejetée ; d'abord parce qu'il fut établi qu'elle n'était fondée que sur une interprétation erronée du passage invoqué de cet auteur, ensuite, parce que l'usage contraire la proscrivit.

En conséquence et conformément à l'opinion de Bynkerskœck, il suffit que le titre de ministre,

quelque peu relevé qu'il soit, ait été conféré à
un personnage pour qu'il ait droit aux immunités
et priviléges des représentants du premier ordre
que nous venons de dénommer.

Aussi la cour de cassation a-t-elle, par son arrêt du 3 vendémiaire an ix ci-dessus rappelé,
appliqué à un simple consul le principe d'inviolabilité dont, par leur caractère, sont investis tous
représentants étrangers, non-seulement par rapport à leurs personnes, mais encore relativement
aux actes qu'ils font en cette qualité.

Cependant il faut remarquer d'abord que les
représentants en général, et par conséquent les
consuls, ne peuvent prétendre à jouir de leurs prérogatives en pays étranger qu'après que leur
caractère a été reconnu et qu'ils ont été autorisés
à remplir leurs fonctions par le gouvernement près
duquel ils sont accrédités.

Cette autorisation, qu'en France on nomme
lettres d'*exequatur*, et en Turquie *barat*, s'accorde
par ordonnance chez la première et par firman
chez la seconde.

Ensuite, les prérogatives de droit commun
peuvent être restreintes par des réserves contraires insérées dans les lettres d'autorisation
ou dans les traités particuliers des deux nations,
ou par des usages contraires observés entr'elles:
on peut aussi par la même raison les étendre.

En troisième lieu, celles des consuls ne s'étendent pas aux honneurs, préséances et distinctions,

qui varient en raison du titre spécial du représentant. Les consuls n'ont pas, comme les ambassadeurs, le droit de décliner la juridiction française, civile, commerciale ou criminelle, lorsqu'elle repose exclusivement sur leur résidence en France.

Enfin, il résulte d'une lettre du ministre des relations extérieures de France, du 7 ventôse an XIII (S., 7-2-877), que les agents étrangers des relations commerciales qui ne sont pas possessionnés en France, et qui ne font point le commerce, doivent être exempts seulement de toute contribution personnelle et directe, ordinaire ou extraordinaire, de tout service personnel et du logement des gens de guerre, et que leur droit à cette exemption est fondé sur ce que les agens français en jouissent dans leur pays. Mais que les contributions indirectes sur les objets de consommation, les droits de douane, les taxes des routes, péages et droits d'octrois, sont des charges que ces sortes d'agens doivent supporter comme les simples particuliers, lorsqu'ils n'en sont affranchis ni par des conventions particulières, ni par la loi de réciprocité.

Nous verrons que cette assujétissement reçoit exception à l'égard des représentans d'un ordre élevé.

SECTION II.

DES REPRÉSENTANTS FRANÇAIS EN PAYS ÉTRANGER.

Tout ce que nous venons de dire des droits,

priviléges et immunités des représentants des puissances étrangères en France, s'applique aux consuls de France à l'étranger avec une réciprocité dont l'étendue est spéciale à chaque nation.

Mais en Turquie, et en général dans les échelles du Levant, elle est plus large que partout ailleurs, car là, il est de droit international consacré par l'usage le plus ancien, que les consuls en matière criminelle, ne sont pas justiciables des autorités locales et doivent être renvoyés devant leurs juges en France.

Nous faisons remarquer que ce droit résulte de l'usage seul, parce qu'il n'est établi par aucun traité ou capitulation spéciale ; ce qui n'empêche pas qu'il ne soit aussi légalement obligatoire que l'étaient autrefois, en matière de droit civil, nos coutumes locales avant leur rédaction par écrit.

CHAPITRE II.

DES FONCTIONS DES REPRÉSENTANTS EN GÉNÉRAL.

Nous ne parlerons pas ici de celles des ambassadeurs et des autres représentants d'un ordre plus élevé que les consuls, car ce que nous dirons de ceux-ci s'appliquera à plus forte raison à ceux là, qui ont des pouvoirs plus étendus, et qui même remplacent les consuls dans les états où le gouvernement ne juge pas à propos d'établir un consulat général (art. 4 de l'ordonnance du 10 août 1833); quant à la partie de leur mission étrangère aux intérêts commerciaux, et à l'exercice de la juridiction sur leurs nationaux, elle sera l'objet d'observations spéciales dans un des prochains numéros.

SECTION Ire.

DES FONCTIONS DES CONSULS ÉTRANGERS EN FRANCE.

Nous ne devons pas entrer ici dans l'exposé de celles de ces fonctions qui, déterminées par les instructions de leurs gouvernements respectifs, s'exercent relativement à leurs nationaux, dans des circonstances et sur des points et matières qui sont indépendants de tous rapports avec les différends qui peuvent naître de la résidence de ces nationaux et de la nature de leurs relations. Ainsi, nous verrons d'abord en quoi consiste la juridiction de ces consuls.

Ils ont, en matière commerciale, le droit de juger les différends qui s'élèvent entre leurs nationaux ; mais lorsque ceux-ci se trouvent dans les circonstances prévues par l'art. 420 du Code de procédure, ils peuvent aussi porter leurs demandes respectives devant les tribunaux de commerce Français.

Si le consul est lui-même une de ces parties, soit parce que, contrairement aux règles ordinaires et aux devoirs de sa charge, il se sera immiscé dans des opérations commerciales, soit parce

qu'il représentera comme héritier l'un des contractants, il est évident que ne pouvant être son
propre juge, il devra s'adresser aux tribunaux
de commerce français, lorsque d'ailleurs la compétence de ceux-ci sera déterminée par l'application de l'art. 420 précité.

Nous faisons avec intention remarquer que la
juridiction des consuls ou des tribunaux français ne peut être invoquée par un étranger contre
un autre étranger en France, qu'autant qu'il
s'agit d'affaires de commerce, et que les circonstances de l'espèce à juger rentrent dans un des
cas attributifs de compétence déterminés par les
dispositions ci-dessus énoncées; car pour les procès ordinaires nés de toute autre cause, aucune
des deux parties ne pourrait forcer l'autre à plai-
der devant les tribunaux français, et lors même
que celle-ci y consentirait, et qu'il s'agirait de
l'exécution d'engagements ou de contrats intervenus en France, les tribunaux Français pourraient s'abstenir d'en connaître.

Nous en donnons les raisons en la troisième
partie.

En matière criminelle, le droit de juridiction
des consuls étrangers est déterminé par les principes qu'a reconnus le conseil d'état, dans un
avis du 28 octobre 1806 approuvé le 20 septembre suivant, et dont il a fait l'application particulière à la compétence réclamée par les consuls
des États-Unis d'Amérique établis dans les ports

de Marseille et d'Anvers, relativement aux délits commis à bord des vaisseaux de leur nation, étant dans les ports et rades de France.

Il en résulte que le vaisseau neutre admis dans un port de l'état est de plein droit soumis aux lois de police qui régissent le lieu où il est reçu.

Que les gens de son équipage sont également justiciables des tribunaux du pays, pour les délits qu'ils y commettent, même à bord, envers des personnes étrangères à l'équipage, ainsi que pour les conventions civiles qu'ils pourraient faire avec elles

Mais que si jusque-là la juridiction territoriale est hors de doute, il n'en est pas ainsi à l'égard des délits qui se commettent à bord du vaisseau neutre, de la part d'un homme de son équipage envers un autre homme du même équipage.

Qu'en ce cas, les droits de la puissance neutre doivent être respectés, comme s'agissant de la discipline intérieure du vaisseau, dans laquelle l'autorité locale ne doit point s'ingérer toutes les fois que son secours n'est pas réclamé, ou que la tranquillité du port n'est pas compromise.

Si donc il s'agissait d'un délit commis hors du vaisseau, comme alors on ne pourrait admettre la fiction qui base le droit de compétence du consul, savoir, que ce qui se passe à bord entre nationaux est réputé se passer dans leur pays même, la connaissance ne pourrait en appartenir à ce fonctionnaire.

Si, même commis à bord, le délit l'avait été de la part de tout autre que des gens de l'équipage, ou contre tout autre que des gens de l'équipage, le consul serait sans attribution pour en connaître.

Cette proposition recevrait son application, lors même que l'auteur ou la victime appartiendraient à la nation dont le consul est le préposé, il suffit que l'un ou l'autre ne fassent pas partie de l'équipage du vaisseau à bord duquel a été commis le délit.

Enfin, on voit que, même entre gens de l'équipage, la répression du délit commis hors du vaisseau n'appartiendrait pas au consul (Cod. civ. art. 3. Cod. d'inst. crim. 63).

Quant aux chanceliers des consulats étrangers établis en France, ou aux fonctionnaires qui remplissent auprès de ces consulats des missions analogues à celles qui sont conférées aux chanceliers attachés aux consuls Français en pays étrangers, ils ne participent pas aux prérogatives de ceux-ci, ils restent à cet égard dans la position où les place leur état et condition, considérés indépendamment de leurs fonctions ; seulement les registres, papiers et autres objets dont ils ne sont dépositaires que comme attachés au consulat, étant par leur nature réputés faire partie des dépendances mobilières de ce consulat, les chanceliers jouissent pour ces choses, mais seulement pour ces choses et pour l'exécution de leurs fonctions, des prérogatives nécessaires à la conservation des premières et à l'exercice des secondes.

SECTION II.

DES FONCTIONS DES CONSULS FRANÇAIS EN PAYS ÉTRANGERS ET DES CHANCELLERIES CONSULAIRES.

Les diverses parties de l'institution consulaire se trouvaient disséminées dans les anciennes ordonnances, dont les réglements étaient incomplets sur plusieurs points, et manquaient de généralité sur ceux qu'elles avaient réglés. Cela tenait à ce que l'organisation des consulats, fondée d'abord dans le levant exclusivement, ne fut étendue et transportée que plus tard, sans modifications, dans les diverses contrées du monde, et ne pût appliquer aux nouvelles relations commerciales que les Français y formèrent une législation sans rapports exacts avec les besoins de ces nouveaux établissements.

Aussi, les inconvénients de l'imperfection de cette branche de notre législation, composée en dernier lieu des anciennes ordonnances tombées en désuétude pour partie, devenues inexécutables en plusieurs points, remplacées enfin dans un grand nombre d'autres par des usages divers, déterminèrent-ils le gouvernement à s'occuper du soin de les faire disparaître.

En conséquence, le ministre des affaires étrangères chargea une commission de revoir et de coordonner successivement, dans des ordonnances séparées, les diverses parties de l'institution consulaire.

Les motifs exposés dans son rapport au roi (*Moniteur* du 29 août 1833) sont : 1° le défaut d'harmonie des règles tracées aux consuls par les ordonnances existantes, pour l'administration de la justice, avec les principes actuels de notre législation ; 2° le besoin de définir les fonctions administratives des consuls, et principalement celles qui intéressent la navigation, ainsi que leurs attributions notariales; 3° La nécessité d'appliquer à la comptabilité des chancelleries consulaires les formes voulues par notre organisation financière actuelle.

La première ordonnance, qui fut le fruit du travail de cette commission, est celle du 20 août 1833 sur le personnel des consulats.

Elle les divise en consulats généraux et en consulats de première et de deuxième classe; enfin, elle reconnaît des élèves consuls et des chanceliers, tant dans les postes consulaires où le gouvernement les jugera utiles, que près des légations diplomatiques qui réunissent à leurs attributions celles du consulat général.

Elle s'occupe également des secrétaires interprètes du roi pour les langues orientales et des drogmans.

Elle fait défense à tous consuls et élèves consuls de faire directement ou indirectement aucun commerce, de quitter leur poste sans autorisation ou sans motif légitime, de se marier sans l'agrément du roi, d'accepter aucune mission d'une puissance étrangère.

Elle autorise les consuls à nommer des délégués dans les lieux de leur arrondissement où ils le jugeront utile au besoin du service, après toutefois autorisation préalable du ministre des affaires étrangères. Ces délégués porteront le titre d'agens consulaires; celui de vice-consul pourra leur être conféré, quand l'importance du service l'exigera. Ces agens n'ont droit à aucun traitement; ils ne peuvent, sans l'agrément du ministre des affaires étrangères, accepter pareille mission d'une puissance étrangère, ni déléguer tout ou partie de leurs pouvoirs à des sous-agens.

Une autre ordonnance du 23 du même mois d'août 1833 règle les recettes et dépenses des chancelleries consulaires.

Elle détermine d'abord l'objet des recettes, elle les soumet au contrôle du consul; et veut en conséquence, pour que ces deux fonctions incompatibles ne puissent être cumulées, que lorsque les chanceliers seront chargés de la gestion des consulats, ils délèguent un commis pour les remplacer dans leurs fonctions personnelles sous leur responsabilité.

Elle prescrit la tenue d'un registre coté et paraphé par le consul, pour l'inscription des recettes et dépenses.

Elle règle l'emploi des recettes et l'objet des dépenses, et abandonne aux agens consulaires, pour leurs frais de bureau et honoraires, la totalité de leurs recettes; dont ils doivent cependant remettre un état certifié au consul duquel ils relèvent et dans la perception desquelles ils doivent se conformer aux tarifs.

Cette même ordonnance s'occupe enfin, dans son titre 2, de la comptabilité centrale des chancelleries.

Une troisième ordonnance, du 24 du même mois, fixe la proportion jusqu'en concurrence de laquelle les remises accordées aux chanceliers par l'ordonnance précédente leur seront abandonnées intégralement ou pour partie.

Une quatrième ordonnance, du 23 octobre 1833, s'est occupée du mode d'intervention des consuls dans les actes civils des français en pays étranger.

Les dispositions principales de cette ordonnance sont :

Que les consuls doivent, dans la rédaction, se conformer au vœu de l'art. 48 du code civil.

Ainsi, pour la forme générale des actes de toute espèce, ils suivront les règles de l'art. 34 et des suivants.

Pour les actes de naissance en particulier, les art. 55 et suivants.

Pour les actes de mariage , les art. 63 et suivants, 144 et suivants.

Enfin, pour ceux de décès, les art. 77 et suivants du même code.

Ils vérifieront si les capitaines, maîtres ou patrons des vaisseaux français qui aborderont dans le lieu de leur résidence se sont conformés aux art. 59 et 86 du code civil.

Ils ne pourront rectifier aucun acte de l'état civil, ce droit est exclusivement réservé aux tribunaux compétents (Cod. civ. art. 99 ; Code proc. 855).

Les publications de mariage seront faites et affichées dans le lieu le plus apparent de la chancellerie.

Elles devront en certains cas être faites en outre en France.

Ils pourront, dans des cas graves, exempter de la seconde publication et accorder des dispenses d'âge.

Une cinquième ordonnance, du 24 octobre 1833, concernant les dépôts faits aux consulats et chancelleries de sommes d'argent, de valeurs, de marchandises ou d'effets mobiliers, règle le lieu du dépôt, sa conservation ; elle autorise le consul à ordonner, après deux ans, la vente aux enchères des marchandises ou effets volontairement déposés, et même à le faire auparavant pour en prévenir la détérioration.

Elle lui prescrit d'en faire verser le produit à la caisse des consignations, à Paris.

Une sixième ordonnance, du 25 octobre 1833, détermine les attributions des consuls, relativement aux passe-ports, légalisations et significations judiciaires.

Elle les autorise à délivrer des passe-ports aux français qui se présenteront pour en obtenir; ils viseront ceux qui leur seront soumis par les français traversant le lieu de leur résidence; ils pourront donner des feuilles de route aux militaires, et même délivrer, dans les lieux où en existe l'usage, des passe-ports aux étrangers se rendant en France.

Ils légalisent les actes délivrés par les autorités ou fonctionnaires publics de leur arrondissement, mais ils ne sont point tenus de légaliser les actes sous signature privée. La signature des consuls sera légalisée elle-même par le ministre des affaires étrangères, ou par les fonctionnaires qu'il aura délégués. Les arrêts, jugements ou actes rendus en France ne pourront être admis ou exécutés dans les consulats où ils sont susceptibles de recevoir leur exécution suivant les règles qui vont être exposées, qu'après légalisation du ministre ou de son délégué.

Enfin, ils font parvenir aux parties, par voie officieuse et à titre de simple renseignement, les exploits signifiés en vertu de l'art. 69 du code de procédure, aux parquets des procureurs du roi, sinon ils les renvoient au ministre des affaires étrangères.

Une septième ordonnance, du 29 octobre 1833, sur les fonctions des consuls dans leurs rapports avec la marine commerciale, pose les principes d'une des parties les plus importantes de leur mission.

Une huitième ordonnance, du 7 novembre 1833, corrélative à la précédente, sur les fonctions des mêmes dans leurs rapports avec la marine royale, complète le droit sur ce point.

Nous craindrions, en ne donnant qu'une idée sommaire des divers objets et dispositions de ces ordonnances, de ne pas remplir le but que nous nous proposons, d'indiquer les droits et devoirs du consulat, et de laisser à MM. les consuls l'idée que cette analyse suffit.

En conséquence, nous prendrons le parti de les engager à recourir au *Bulletin des Lois* pour les consulter; nous ne voulons pas ici employer à une simple transcription des pages que nous réservons à une destination plus utile.

Cette observation est commune aux précédentes ordonnances, qu'il leur est indispensable, malgré l'idée générale que nous en avons donnée, de consulter dans leur texte.

En tous cas, nous donnerons dans les numéros suivants, des explications sur les difficultés et questions que leur application peut présenter. Ces ordonnances ne déterminent la compétence juridique des consuls que relativement aux prises maritimes; on voit qu'ainsi elles ne renferment

aucune disposition sur les attributions judiciaires de ces fonctionnaires en toute autre matière;
dès-lors, il s'ensuit que pour les déterminer, il
faut recourir à d'autres éléments de législation :
c'est une lacune à remplir, nous allons chercher
à le faire.

§ 1er.

DE LA JURIDICTION CIVILE DES CONSULS ET DE LA PROCÉDURE.
Art. 1er. — Juridiction civile.

Les consuls connaissent comme juges de tous
les différends qui s'élèvent entre les Français de
leur résidence, et l'on considère comme tels, non
seulement ceux qui, quoique résidant habituel-
lement en pays étranger, n'ont pas perdu l'esprit de retour, et par conséquent la qualité de
Français , mais encore les gens des équipages qui y abordent ; quand même ils ne seraient
pas Français, il suffirait que, par suite d'engagements de mer, ils fissent partie de l'équipage du
navire. Le chancelier du consulat lui-même, s'il
est Français, est justiciable de cette juridiction.

L'art. 2 de l'édit de juin 1778 porte, qu'aucun
Français voyageant soit par terre, soit par mer,
ou faisant le commerce en pays étranger, ne
pourra traduire, pour quelque cause que ce soit,
d'autres Français devant les juges ou autres officiers des puissances étrangères, à peine de 1,500
livres d'amende.

Les contraventions seront constatées par pro-
cès-verbaux des consuls, et informations faites
en présence des contrevenants, transmis au mi-

nistre, et par celui-ci aux procureurs-généraux du ressort, à l'effet de provoquer l'application de la peine.

L'art. 19 du traité de 1657, passé entre la France et l'Angleterre, et rendu commun à l'Espagne par l'art. 6 du traité des Pyrénées, porte que les sujets de l'une ou de l'autre nation commerçant dans les états respectifs ne pourront, pour les discussions qui s'élèveront entre eux, réclamer la justice du pays sous quelque prétexte que ce soit, et que l'accommodement de leurs différends appartiendra au consul de leur nation; en sorte que si quelqu'un ne se soumet pas à son arbitrage, il pourra en appeler à la justice ordinaire du pays où il est né.

Une convention du 2 janvier 1776, établit la même règle à l'égard de la ci-devant république de Raguse.

Nos plus anciennes capitulations avec la Porte consacrent aussi le même droit, sinon par une disposition expresse, au moins par l'usage, qui remonte à un temps immémorial.

Elles vont au-delà, car elles l'étendent aux matières criminelles, ce qui est une dérogation au principe de droit public, que les lois de police et de sûreté d'un état obligent tous ceux qui se trouvent dans cet état; aussi cette extension, qui était spéciale à la Porte, ne s'étendait-elle pas à tous les états barbaresques indistinctement, ou en tous cas sans contradiction.

En effet, le principe d'une différence possible à cet égard relativement à certains états du levant, est reconnu par un décret du 21 septembre 1807, relatif aux draps destinés au commerce du levant. Il prévoit le cas où l'estampille impériale apposée sur ces draps serait falsifiée en pays étrangers. « Les ministres et consuls de France, dit-il, fe- » ront poursuivre les auteurs de la contrefaçon » comme coupables de crime de faux, devant les » autorités locales et d'après la législation établie » dans le pays où le délit a été commis, le tout sans » préjudice de la juridiction consulaire exercée » sur les Français d'après les lois et les conven- » tions établies. » Ainsi, les consuls n'étant qu'en certaines localités investis de la juridiction cri- minelle, il convient de distinguer leurs attribu- tions sous ce rapport, et de parler d'abord de celle qui est générale et commune à tous les consulats.

La règle qui oblige les Français à recourir à la juridiction du consul de leur nation, pour ju- ger les différends qu'ils ont entr'eux, n'est appli- cable forcément que dans les cas où devant exécu- ter la sentence dans le pays même du consulat, contre la personne ou sur les biens du débiteur y situés, les traités particuliers intervenus entre la France et le gouvernement du pays où est éta- bli le consul assurent au jugement rendu par ce fonctionnaire l'exécution forcée en ce pays.

S'il n'en était pas ainsi, on conçoit que la rè- gle ne pourrait plus être obligatoire, car il serait injuste qu'on contraignît le Français à recourir à un tribunal institué par un souverain sans puissance pour lui procurer l'exécution des sentences du juge qu'il a commis dans le pays où il l'a institué.

Le Français devra donc en pareil cas, même contre un Français, procéder, pour obtenir justice, devant les tribunaux du pays, lorsque à raison de la nature et de la situation des ressources de son débiteur, il sera nécessaire dans son intérêt de faire exécuter le jugement dans ce pays.

Il ne pourra à la vérité exécuter en France les sentences et jugements qu'ils prononceront à son profit, qu'après que ces jugements auront été déclarés exécutoires par un tribunal français, en suite d'une procédure contradictoire (Code civil. 2123, Cod de pro. 546).

Aussi, s'il voulait avoir un jugement exécutoire en France, il devrait s'adresser à la juridiction consulaire, et il ne pourrait même, sous peine de l'amende ci-dessus, se présenter en France muni du jugement étranger.

En sorte qu'au cas où le demandeur veut poursuivre son compatriote simultanément dans le pays étranger dont il s'agit et en France, il doit obtenir deux jugements de condamnation, l'un des tribunaux étrangers pour l'exécution à en suivre dans le pays, et l'autre du consul pour l'exécution à lui donner en France.

4

La raison en est que, en principe général, l'acte exécutoire dans le pays soumis au souverain qui en commande l'exécution, ne peut jouir de la même autorité dans l'étendue d'une autre souveraineté. Ce principe a reçu une remarquable consécration dans une occasion solennelle : il s'agissait d'un jugement rendu par les tribunaux français au profit du corsaire français *l'Aventurier* contre des négociants génois, et dont le directoire exécutif avait autorisé le général en chef de l'armée d'Italie à favoriser de son pouvoir l'exécution; cette décision fut annulée par arrêté des consuls du 25 nivôse an VIII.

Le consul ne juge qu'au nom du roi des Français, par conséquent sa sentence ne peut être mise à exécution qu'au nom de ce souverain; or, le roi des Français est sans pouvoir pour commander aux autorités et à la force armée des pays étrangers de prêter main-forte à l'exécution des sentences rendues par ses juges, c'est un attribut exclusif de la souveraineté qui doit appartenir inclusivement au chef du gouvernement de ce pays.

Des princes peuvent bien convenir entr'eux que les actes de l'un seront exécutoires chez l'autre et réciproquement, mais c'est une dérogation qui ne peut être admise qu'autant qu'elle est stipulée dans les traités : la raison en est, qu'une telle convention renfermant une autorisation du souverain en faveur de la puissance à laquelle il l'accorde, celle-ci, en réclamant le concours de l'autorité locale, le fait en vertu de l'obéissance que cette autorité doit à son prince.

Cela n'existe actuellement, comme nous l'avons dit, qu'avec 1° la Porte-Ottomane ; 2° la Suisse, en vertu, pour ce qui concerne celle-ci, du traité énoncé en la troisième partie ; 3° la Sardaigne par traité du 24 mars 1760 (Voir cependant ci-après Jurisprudence) ; 4° avec les puissances intéressées à la navigation rhénane (loi du 24-26 avril 1832, art. 5), pour les jugements relatifs aux droits de navigation.

Ainsi, toutes les fois qu'il n'y a pas de traité spécial politique qui déroge, comme avec les diverses puissances indiquées, au droit commun, la juridiction du consul, les jugements et leurs effets, seront soumis aux observations que nous venons de faire.

ART. II. — *De la procédure à suivre devant les Consuls.*

Les consuls ne composent pas seuls le tribunal dont nous venons de parler, et à la juridiction duquel sont soumis les Français de leur arrondissement consulaire ; chacun d'eux doit être assisté, aux termes de l'art. 6 de l'édit du mois de juin 1778, de deux Français choisis parmi les plus notables dans l'étendue du consulat, âgés de 25 ans : ils prêtent, la première fois qu'ils sont appelés, le serment exigé des juges, et ils ont voix délibérative.

Néanmoins, dans les lieux où il est impossible de se procurer des notables, le consul peut valablement rendre seul toutes sentences, à la charge de faire mention de cette impossibilité.

Nous donnerons dans le prochain numéro des détails plus étendus sur les formalités à observer dans l'instruction des affaires, sur le droit d'appel et sur la désignation de la cour royale, devant laquelle il doit être exercé.

§ 2.

DE LA JURIDICTION CRIMINELLE DES CONSULS,

Elle n'existe, comme nous l'avons énoncé, que relativement à ceux des consulats en faveur desquels elle est établie par les traités et capitulations, ou autorisée par les usages dans les échelles du levant et de Barbarie.

L'étendue et les formes d'exercice de cette juridiction ont été réglées par une loi du 28 mai 1836, et par une ordonnance du 14 juillet suivant.

Nous nous bornerons aujourd'hui à faire remarquer que, dans la loi, on a ajouté le mot usage, pour comprendre le cas auquel il a étendu le droit stipulé par les traités, d'attribuer aux ambassadeurs et aux consuls de France le jugement des délits commis par un Français à l'égard d'un autre Français, et celui d'un crime ou d'un délit commis par un de nos nationaux à l'égard d'un naturel du pays.

Nous nous réservons d'entrer à ce sujet en de plus longs développements dans les numéros suivants.

§ 3.

DE LA JURIDICTION ATTRIBUTIVE DES CHANCELIERS.

Le chancelier exerce les fonctions de notaire pour la rédaction des actes que les individus de la nation du consulat veulent passer entr'eux en la forme authentique.

En général, les actes passés dans un pays avec les solennités requises par les lois de la localité sont valables, ce principe est consacré par les art. 48, 170 et 999 du Code civil.

Aussi l'art. 31 de l'ordonnance du 24 mai 1728, qui défendait aux Français de passer aucun acte devant les notaires publics des lieux soumis au consulat, à peine de nullité, doit-il être considéré comme abrogé par la règle ci-dessus, dont les applications du Code contiennent l'adoption par notre nouveau droit.

En conséquence, les chanceliers n'ont plus de privilége à cet égard sur les notaires de la localité, mais un simple droit de concurrence avec eux.

Nous disons à cet égard, parce qu'il ne faut pas confondre cette attribution des chanceliers,

1° Avec les autres missions qui leur sont con-

férées par les ordonnances que nous avons indiquées ;

2° Avec celle qu'ils remplissent lorsque le consul
exerce les fonctions judiciaires, et qui consistent, en matière criminelle, dans les attributions
spéciales déterminées par la loi précitée du 28
mai 1836, et en matière civile dans celles qui
appartiennent près des tribunaux, en France,
aux greffiers, et quelquefois même aux huissiers
(ordonnance du 24 mai 1728).

Au reste, nul acte passé en pays étranger ne
peut être produit en France qu'après enregistrement (loi du 22 frim. an vii, art. 42).

JURISPRUDENCE SUR LES MATIÈRES DE LA 2ᵉ PARTIE.

Les jugements rendus en pays étrangers ne
peuvent être mis à exécution en France qu'autant qu'ils ont été déclarés exécutoires par un
tribunal français : c'est le vœu de l'art. 2123
du Code civil et de l'art. 546 du Code de procédure, sauf toutefois, comme le porte le premier
de ces articles, les dispositions contraires des
traités auxquels nous avons renvoyé.

Mais en quoi consiste, en pareil cas, l'office
des tribunaux français, lorsqu'on leur soumet un
de ces jugements?

Le Code est muet sur ce point, mais l'art. 121
de l'ordonnance de 1629, d'où cette règle est
tirée, portait que la question résolue par les tri-

bunaux étrangers serait débattue, et par conséquent décidée de nouveau par les juges français.

Aussi en est-il de même aujourd'hui sous l'empire du Code, soit que le jugement rendu par un tribunal étranger ait statué entre deux étrangers, soit qu'il ait prononcé entre un Français et un étranger.

L'ordonnance ne distinguait pas , et le Code à son tour ne distingue pas non plus ; il ne peut même le faire , parce que la raison de la disposition étant que le juge qui, au nom d'un souverain , rend la justice ne peut commander qu'à la force publique dont le souverain dispose de faire exécuter forcément son jugement. Le délégué ne peut avoir plus de pouvoir que le déléguant, et par conséquent il est sans puissance pour donner à la force armée d'un état étranger des injonctions quelconques.

Ces principes ont servi de base à un arrêt de cassation du 19 avril 1819 , qui les a admis et consacrés dans une espèce rapportée au recueil de Sirey, 19-1-288.

La même cour a décidé en outre qu'ils devaient être observés à l'égard des jugements rendus en Sardaigne, nonobstant la disposition du traité diplomatique intervenu entre cette puissance, portant que les cours suprêmes déféreront réciproquement à la forme du droit. Arrêt du 14 juillet 1825, S., 26-1-378.

TROISIÈME PARTIE.

ÉTAT, CONDITION ET DROIT

DES ÉTRANGERS EN FRANCE,

ET DES FRANÇAIS EN PAYS ÉTRANGERS.

CHAPITRE Iᵉʳ.

POSITION DES ÉTRANGERS EN FRANCE.

En général, les lois qui régissent un pays ne sont faites que pour la nation qui le compose.

C'est pourquoi les droits qui en résultent, et qui consistent en droits politiques et en droits civils, appartiennent éminemment aux membres de cette nation.

Cependant des étrangers peuvent venir résider en France, et il importe de déterminer s'ils jouiront alors de tout ou de partie des droits que les lois françaises accordent aux nationaux.

Quant aux droits politiques, qui ont pour objet la participation plus ou moins directe à l'administration de l'état, jamais les étrangers, tout le temps qu'ils conservent cette qualité, ne peuvent être admis à en exercer aucuns

Il n'existe qu'une seule exception à cette règle, elle a été créée par l'article 10 de la loi du 22 mars 1831, portant que l'on pourra appeler à faire le service de la garde nationale les étrangers admis à la jouissance des droits civils, conformément à l'article 13 du Code, lorsqu'ils auront acquis en France une propriété ou qu'ils y auront formé un établissement.

Les mêmes raisons d'intérêt de nationalité, n'existant pas relativement aux droits civils, le Code en accorde la jouissance aux étrangers en France, mais sous des conditions qui indiquent la division qu'il fait en deux catégories de ces étrangers.

Dans la première sont compris ceux qui ont obtenu du roi l'autorisation de résider en France.

A la seconde appartiennent ceux qui n'ont pas obtenu d'autorisation.

Les premiers, admis par ordonnance royale à établir leur domicile en France, y jouissent de tous les droits civils, *tout le temps qu'ils continuent d'y résider.*

Les autres, moins favorablement traités, ne jouissent en France que des mêmes droits civils qui sont ou seront accordés aux Français par les traités de la nation à laquelle cet étranger appartiendra.

De là il suit que ceux-ci ne peuvent, lorsqu'ils réclament l'exercice d'un droit civil quelconque, être admis à en jouir qu'après avoir préalablement justifié que les lois de leur nation accordent aux Français la jouissance des mêmes droits chez elle que ceux qu'ils invoquent en France.

Tandis que les autres, non seulement ne sont pas astreints à cette justification, mais ils peuvent exercer en France tous les droits civils, alors même que les lois de leur pays n'accorderaient aux Français, chez eux, la jouissance ni de semblables droits, ni d'aucuns absolument.

On voit, par cette différence entre les deux classes d'étrangers dont s'occupe le Code, combien il importe à ceux qui viennent résider en France d'obtenir l'autorisation royale dont nous venons de parler.

Cependant nous devons faire remarquer que, par une loi du 14 juillet 1819, la nécessité de la réciprocité exigée pour admettre les étrangers non autorisés à la jouissance des droits civils en France, a été abolie relativement au droit de succéder, de disposer et de recevoir.

En conséquence, elle leur accorde à tous sans distinction, par son art. 1", la jouissance de ces droits dans toute l'étendue du royaume de la même manière qu'aux Français.

Mais, pour que les étrangers ne puissent pas profiter en même temps, et du bénéfice de la loi française et des avantages spéciaux que les lois de leur pays leur accordent au préjudice des Français, l'art. 2 veut que, dans le cas de partage d'une même succession entre les cohéritiers étrangers et français, ceux-ci prélèvent sur les biens situés en France une portion égale à la valeur des biens assis en pays étranger, dont ils seraient exclus à quelque titre que ce soit, en vertu des lois et coutumes locales.

L'étranger non autorisé n'est donc privé que de la jouissance des droits civils autres que ceux qui lui sont accordés par cette loi.

Or, pour connaître en droit l'étendue de cette privation, il est nécessaire d'expliquer ce qui distingue les droits civils des droits naturels, car, privé des premiers, l'étranger dont il s'agit jouit des seconds.

On considère comme droits civils ceux que les lois d'un pays n'accordent qu'aux nationaux, soit par une déclaration expresse, soit par une conséquence tacite, comme quand ils résultent d'un statut créé pour les nationaux en dehors du droit commun entre toutes les nations, ou bien enfin les droits dont elles excluent formellement les étrangers.

Tel est, pour exemple de la première hypothèse, le droit d'être témoin dans un acte authentique; et pour exemple de la seconde, l'interdiction du bénéfice de cession que l'art. 905 du Code de procédure prononce contre les étrangers.

Un autre droit civil très important pour l'étranger admis à établir son domicile en France, et qui l'y a réellement établi, est celui de pouvoir soumettre à la juridiction des tribunaux civils français le jugement des demandes et actions qu'il est dans le cas d'intenter contre un autre étranger, pour raison d'obligations même non commerciales contractées envers lui par cet étranger.

Nous disons que ce droit lui dérive de son domicile autorisé en France et de la jouissance des droits civils y attachés, parce que les tribunaux français ne peuvent et ne doivent jamais prendre connaissance des litiges qui existent entre étrangers même résidant en France, lorsqu'il ne s'agit que d'affaires civiles, et lors même que les engagements auraient été contractés en France. C'est un principe d'incompétence absolue que les tribunaux français peuvent suppléer d'office, et dont la cour de Bordeaux a fait l'application par arrêt du 20 mai 1829, S. 30-2-309.

Mais cette incompétence n'étant établie qu'en faveur des tribunaux, il s'ensuit que ceux-ci, lorsque les étrangers se soumettent volontairement à leur juridiction, sont parfaitement libres de juger ou de s'abstenir, et que dès-lors quelque parti ils prennent, ils ne violent aucune disposition législative sur la compétence. Arrêt de cass. du 8 avril 1818. S. 22-1-217, et notamment arrêt du 30 novembre 1814. S. 15-1-186.

Il en serait autrement en matière commerciale, Code procéd. art. 420, en matière criminelle, correctionnelle, ou même de simple police, Code civ. art. 3, et Code d'inst. crim. art. 63.

Par conséquent, le droit d'acheter, de vendre, d'échanger, de louer; en un mot, celui de passer toutes espèces de conventions qui ne sont pas expressément réservées aux Français, ou positivement interdites aux étrangers, appartient à ceux-ci, et dès-lors ils peuvent en réclamer l'exécution; ils peuvent posséder et jouissent en résumé de tous ces droits, dont la loi ne les prive pas expressément ou tacitement.

La raison de la nécessité d'une disposition prohibitive à cet égard provient d'une distinction qu'il importe de signaler, parce qu'elle est le principe des solutions que nous venons de donner. Elle consiste en ce que les droits dont s'occupent les lois civiles d'un état se divisent, d'après leur origine, en droits de la nature ou des gens et en droits de pure institution civile. Les premiers existent et s'observent entre toutes les nations, il n'est donc pas nécessaire, pour les exercer en un pays, que la législation spéciale de ce pays les accorde, ils existent tout le temps qu'elle ne les prohibe pas; tandis que pour les seconds, qui ne doivent leur existence qu'à la loi, il faut une disposition spéciale de celle-ci pour déterminer après les avoir créés ceux à qui la jouissance en sera permise.

1° D'après la loi du 10 septembre 1807, lorsqu'en toutes matières autres que celles de commerce l'étranger veut procéder en demandant, il est tenu, si le défendeur le requiert, de donner caution pour le paiement des frais et dommages-intérêts résultant du procès, à moins qu'il ne possède en France des immeubles d'une valeur suffisante pour assurer ce paiement, ou qu'il ne consigne la somme jusqu'à concurrence de laquelle le tribunal aura fixé que le cautionnement devra être fourni.

La possibilité qui existe pour l'étranger de se soustraire à l'exécution de ses engagements et des condamnations qui pourraient intervenir contre lui, a aussi déterminé la législature française à autoriser des mesures de garantie exceptionnelles contre lui.

Ainsi, l'étranger qui contracte avec un Français, soit en France, soit hors de France, devient, quand même il ne résiderait pas en France, justiciable des tribunaux français pour l'exécution des obligations résultant de ces contrats ; mais il y a réciprocité en ce sens, qu'il peut traduire devant la juridiction française le Français pour raison des engagements que celui-ci a contractés envers lui, même en pays étranger (Code civil, art. 14 et 15).

En second lieu, tout jugement de condamnation rendu en France au profit d'un Français contre un étranger non domicilié en France emporte de plein droit, en toute espèce de matières, même non commerciales, la contrainte par corps.

En troisième lieu, après l'échéance et l'exigi-
bilité.de la detto, et lors toutefois qu'il y a des
motifs suffisants de rendre l'emploi de cette pré-
caution nécessaire, le président du tribunal de
première instance dans l'arrondissement duquel
se trouve l'étranger débiteur non domicilié,
peut autoriser, sur la requête du créancier français, l'arrestation préalable et provisoire du
premier.

Mais cette permission n'est pas accordée ou
son effet cesse, si l'étranger, quoique non domicilié, justifie qu'il possède en France un établissement de commerce ou des immeubles de valeur
suffisante pour assurer le paiement de la dette, ou
enfin s'il fournit caution suffisante, soit personnelle, soit par consignation en espèces.

En quatrième lieu, les jugements rendus par
les tribunaux étrangers et les actes reçus par les
officiers publics étrangers ne sont susceptibles
d'exécution en France qu'autant qu'ils ont été
déclarés exécutoires par un tribunal français.

Enfin, en cinquième lieu, les jugements rendus
au profit des étrangers qui auraient obtenu des
adjudications dans les matières pour lesquelles
il y a, d'après le décret du 22 juillet 1806 recours au conseil d'état, ne pourront être exécutés pendant le délai accordé pour ce recours,
qu'autant que l'étranger aura préalablement
fourni en France une caution bonne et solvable.

Cependant, ces règles exceptionnelles cesseraient d'être applicables, s'il existait quelques dispositions contraires dans les lois politiques et les traités intervenus entre la France et la nation à laquelle appartiendrait l'étranger qu'on tenterait d'y soumettre.

C'est ainsi que, par une convention avec la Suisse du 4 vendémiaire an XII, renouvelée par traité du 18 juillet 1828, publiée par ordonnances du 31 décembre 1828, 30 janvier 1829, il est stipulé que les jugements et actes de chacune des deux nations seront réciproquement exécutoires chez l'autre, lorsqu'ils seront revêtus de la simple formalité de la légalisation; que, dans les états de la Porte, même droit existe relativement aux jugements de nos consuls (voir 2ᵉ Partie); qu'une autre loi du 24-26 avril 1832 l'établit aussi pour les jugements rendus par les tribunaux étrangers en matière de droits de navigation du Rhin.

Qu'enfin la même règle a été stipulée entre la Sardaigne et la France par traité du 24 mars 1760.

Cependant on a vu (jurisprudence de la deuxième partie) que cette dernière exception pouvai être controversée.

Il reste maintenant à déterminer les effets et les droits résultant, 1° de la naissance en France des enfants des étrangers autorisés ou non à y établir leur domicile;

2° De l'état et condition des enfants naturels nés en France d'une étrangère ou d'une Française, reconnus ou non par le père étranger;

5

3° Du mariage contracté en France entre étrangers ou entre étrangers et régnicoles;

4° De la dévolution des biens des étrangers décédés en France;

5° De l'effet légal des actes par eux passés ou consentis suivant les formes de leur pays, et dans les limites de la disponibilité que leurs lois déterminent;

6° Des formalités qu'ils ont à remplir, soit pour obtenir l'autorisation d'établir leur domicile en France, soit pour s'y faire naturaliser, et des effets de la naturalisation;

7° De l'étendue et des effets de l'obligation à laquelle tous les étrangers sont soumis, de se conformer aux lois de police et de sûreté par rapport à leurs personnes, et aux lois réelles par rapport à leurs immeubles situés en France;

8° Des procès que les étrangers peuvent avoir en France et des lois d'après lesquelles ils doivent être jugés;

9° A quelles lois personnelles est soumis l'étranger admis à la jouissance des droits civils en France.

Ces divers objets, qui intéressent à un degré éminent, non seulement les étrangers qui habitent la France, mais encore les Français qui ont des relations d'affaires, d'intérêts, des liaisons de toute espèce avec eux, seront traités successivement dans les numéros de ce recueil au fur et à mesure de leur publication.

CHAPITRE II.

POSITION DES FRANÇAIS EN PAYS ÉTRANGERS.

La partie de notre législation qui détermine la condition, l'état et les droits des Français résidant ou établis en pays étranger, est d'une application très importante; mais comme elle ne se fait pas sous nos yeux, l'exemple ne nous frappe point : nous manquons à cet égard du moyen d'instruction qui propage les notions générales du droit civil parmi nous. Il en résulte que la science de ces règles est restreinte à la classe des jurisconsultes et des publicistes que leurs fonctions obligent d'en faire chaque jour l'application; que ceux qui seraient le plus intéressés à les connaître, sinon à fond, du moins dans leurs dispositions principales, les ignorent, et que par suite de cette ignorance, ils ne peuvent ni prévenir, ni détruire les causes de conséquences fatales qui ne viennent souvent qu'après leur mort produire leurs désastreux effets.

Notre but est d'éclairer d'une part ceux qui dorment tranquilles au bord d'un précipice dont ils ignorent les dangers, et de l'autre ceux auxquels sont ouverts des droits dont l'existence leur est inconnue, et dont ils ne peuvent en conséquence provoquer l'exercice.

Pour le faire avec méthode, il faut considérer

la position des Français qui passent en pays étrangers sous deux rapports.

Savoir, relativement à la législation étrangère, et relativement à la législation française :

1° Le Français, en pays étranger, ne jouit que des droits qui sont accordés par les conventions diplomatiques passées entre la France et l'état où il se trouve, lesquelles ordinairement stipulent la réciprocité en faveur des nationaux de cet état en France.

Nous citerons pour exemple le traité passé avec la Suisse, promulgué par ordonnance du 23-29 septembre 1827.

Nous en ferons connaître les clauses dans un prochain numéro, et nous indiquerons en même temps les stipulations des traités intervenus avec les autres puissances.

2° Relativement aux droits que les Français voyageant ou résidant en pays étranger conservent en France.

Les Français ne conservent ce titre et la jouissance des droits qui y est attachée qu'autant qu'ils n'ont pas perdu la qualité de Français.

Or, cette qualité se perd :

1° Par la naturalisation acquise en pays étranger;

2° Par l'acceptation sans autorisation du roi de fonctions publiques ou de service militaire chez l'étranger;

3° Par l'affiliation également non autorisée à une corporation militaire étrangère;

4° A l'égard des femmes, par leur mariage avec un étranger;

5° Enfin, par tout établissement fait en pays étranger sans esprit de retour.

Cependant il y a exception à l'effet de ces diverses causes de perte de la qualité de Français:

1° Lorsque la naturalisation en pays étranger n'a eu lieu qu'en vertu d'autorisation du roi;

2° Lorsque l'établissement fait en pays étranger n'est qu'un établissement de commerce, parce qu'il n'est pas censé exclure l'esprit de retour;

3° Nous indiquerons une troisième exception en faveur de la femme française dont le mari français perd cette qualité depuis le mariage.

Ces règles et exceptions exigent quelques explications.

La naturalisation en pays étranger résulte, non seulement des lettres du souverain données en la forme usitée dans ce pays, mais encore de l'acceptation de la part du Français d'un titre héréditaire conféré par une puissance étrangère.

La perte de la qualité de Français, quand elle n'est causée, ni par la naturalisation non autorisée, ni par l'acceptation de service militaire ou de fonctions publiques chez l'étranger, fait seulement encourir à celui qui en est l'objet la privation des droits civils, en sorte qu'il se trouve placé, relativement aux intérêts qu'il peut avoir en France, dans la position et réduit à l'état de l'étranger non autorisé à établir son domicile en

France; il y jouit par conséquent de tous les droits accordés aux nationaux de la nouvelle patrie qu'il a adoptée.

Mais quand la perte de la qualité de Français provient des deux causes que nous avons signalées, elle a des effets plus graves : elle prive celui qui l'a encourue, non-seulement de tout droit civil en France, même de l'exercice de ceux qui appartiennent aux autres sujets de l'état auquel il s'est donné, mais encore de ces droits naturels que nous avons reconnus demeurer au Français après la perte de cette qualité par l'une des autres causes.

En un mot, la loi ne se contente pas de la punition résultant d'une simple privation, elle lui inflige des peines rigoureuses, parce qu'il a violé la prohibition à l'infraction de laquelle étaient attachées ces peines par un statut personnel qui le suit partout.

En conséquence, il est réduit à l'état du mort civilement prévu et défini par l'art. 25 du Cod. civ.

Sur la demande de toute partie intéressée et à la diligence du procureur-général du dernier domicile de l'individu, la perte de sa qualité de Français est constatée par devant la cour de ce dernier domicile.

En vertu du jugement qui intervient, la succession du Français ainsi naturalisé est ouverte au profit de ses héritiers légitimes, et les droits de sa femme sont réglés comme au cas de viduité.

Il perd le droit de succéder, toutes les successions qu'il aurait pu recueillir passent à l'héritier régnicole qui y est appelé après lui.

Il est déchu de tout titre institué par les lois et ordonnances du royaume, soit qu'il l'ait ou primitivement ou par transmission. Ce titre, et les biens y attachés sont dévolus à la personne restée française, qui y est appelée selon les lois.

S'il avait reçu l'un des ordres français, il est biffé des registres et états, et défense lui est faite d'en porter la décoration.

S'il est trouvé sur le territoire français, il est pour la première fois arrêté et reconduit au-delà des frontières ; en cas de récidive, il est traduit devant les tribunaux français et condamné à être détenu pendant 1 an au moins et 10 ans au plus.

Néanmoins, le Français qui a encouru ces peines et déchéances peut en être relevé par des lettres de relief accordées par le roi dans la même forme que les lettres de grâce.

Sur l'application de ces dispositions, il s'est élevé la question de savoir ce qu'on entendait par fonctions publiques acceptées chez l'étranger.

Un avis du conseil d'état, approuvé le 21 janvier 1812, a décidé qu'on devait entendre par là tout service militaire ou civil, soit près de la personne, soit près d'un des membres de la famille d'un prince étranger, soit même une fonction dans une administration publique étrangère.

Les effets de la naturalisation formelle et de la naturalisation tacite, reçoivent exception en deux cas, savoir: 1° quand elle a été autorisée, et 2° quand elle s'applique à une certaine classe de personnes.

Première exception.

Lorsque le Français veut se faire naturaliser expressément en pays étranger, ou qu'il veut y accepter du service militaire, ou des fonctions publiques du genre de celles que nous venons d'énoncer, sans s'exposer à perdre la qualité de Français, et sans encourir les peines et effets que nous avons fait connaître, il doit en obtenir l'autorisation préalable du roi.

Il présente à cet effet sa demande au roi qui, lorsqu'il le juge convenable, accorde l'autorisation par une ordonnance contresignée du ministre de la justice, qui y appose le sceau de l'état, après délibération du conseil du sceau, et à la charge par l'impétrant de payer pour droit de sceau une somme de 500 fr., et de 50 fr. pour droit des référendaires ; l'ordonnance est insérée au *Bulletin des Lois* et enregistrée en la cour royale du dernier domicile de celui qu'elle concerne.

On a agité la question de savoir s'il ne suffirait pas que le prince étranger adressât la liste générale des Français qu'il veut garder à son service, pour qu'une seule ordonnance d'autorisation les comprît tous.

La difficulté, soumise au conseil d'état, a été résolue négativement par avis approuvé le 24 janvier 1842; il faut une demande personnelle et individuelle de chacun d'eux.

Deuxième exception.

Elle est relative: 1° aux descendants des religionnaires fugitifs qui n'ont point usé du droit qui leur était accordé par l'art. 22 de la loi du 15 décembre 1790;

2° A la femme dont le mari se fait naturaliser étranger postérieurement à la célébration de l'union.

C'est un point de droit qu'a établi le conseil d'état par un avis approuvé le 22 mai 1842;

3° Enfin, lors de la réduction du territoire de la France, par suite du traité de 1814, il s'est agi de régler le sort et la qualité des individus nés ou domiciliés dans les portions de l'empire français que le traité détachait de la France, et qui voulaient conserver le titre et la qualité de français qu'ils avaient eus jusque-là.

Ce fut l'objet d'une ordonnance du 4 juin 1814 et d'une loi du 14 octobre suivant.

Par un premier article, cette loi statue à l'égard des habitants des départements qui avaient été réunis à la France depuis 1791, et qui, s'étant établis dans le territoire actuel de la France, y avaient résidé depuis dix ans et depuis l'âge de

vingt-un ans; elle leur accorde le titre de citoyens
français, pourvu que dans les trois mois de la
publication de la loi, ils déclarent qu'ils persistent
dans la volonté de se fixer en France et qu'ils
obtiennent des lettres de naturalité ; et elle décide que, dès ce moment, ils pourront jouir de
tous les droits de citoyens français, sauf, pour
ceux d'entr'eux qui seraient appelés à siéger dans
l'une des deux chambres, à faire préalablement
vérifier leurs lettres par les chambres.

Dans un second, elle impose à ceux qui n'ont
pas 10 ans de résidence depuis leur vingt-unième
année l'obligation de compléter ces dix années
et de faire la déclaration dans le délai, sauf le droit
réservé au roi de leur accorder auparavant des
lettres de naturalité.

Quant aux habitans des parties séparées de la
France, l'art. 3 les assimile aux étrangers, et sauf
le droit réservé au roi de leur conférer la jouissance provisoire des droits civils en les autori-
sant à résider en France, et les droits politiques
de citoyen en leur accordant des lettres de naturalité, ils doivent à ce titre déclarer qu'il veulent résider en France, et y demeurer pendant
10 ans avec l'autorisation du roi pour devenir
citoyens.

OBSERVATION GÉNÉRALE SUR LES EFFETS DE L'AUTORISATION ROYALE
DE NATURALISATION DU FRANÇAIS EN PAYS ÉTRANGER.

Le Français, naturalisé même avec autorisation, ne peut porter les armes contre la France, sous peine d'être traduit devant les tribunaux français et condamné à mort : il en sera de même de celui qui aura porté les armes contre les alliés de la France agissant contre l'ennemi commun.

L'autorisation est de plein droit réputée renfermer la condition tacite imposée au Français qui l'obtient de revenir en France en cas de rappel, soit que ce rappel soit l'effet d'une disposition générale, soit qu'il résulte d'un ordre direct.

Le Français, même autorisé, ne peut prêter serment à la puissance chez laquelle il a pris du service, que sous la réserve de ne jamais porter les armes contre la France et de quitter ce service même sans être rappelé, si cette puissance venait à être en guerre avec la France ; et ce sous peine de mort civile.

Le Français naturalisé en pays étrangers par l'acceptation de fonctions administratives, judiciaires ou politiques, ou de service militaire, ne peut rentrer en France qu'avec l'autorisation spéciale du roi, quand même il aurait quitté le service étranger ; la demande d'autorisation est adressée au ministre de la justice.

Il ne peut se montrer dans les lieux soumis à l'obéissance du roi avec la cocarde ou l'uniforme étranger, mais il peut porter la cocarde nationale et les décorations des ordres étrangers quand il les aura reçus avec autorisation du roi.

Il ne peut jamais être accrédité comme ambassadeur, ministre ou envoyé auprès du roi, ni reçu comme chargé de missions d'apparat, qui le mettraient dans le cas de paraître devant lui avec le costume étranger.

Il ne peut servir comme ministre plénipotentiaire dans aucun traité où les intérêts de la France pourraient être débattus.

On voit, par ce bref exposé des règles générales qui fixent la condition des Français qui quittent la France pour se rendre en pays étranger, qu'il faut distinguer ceux qui s'y établissent sans esprit de retour, de ceux qui conservent cet esprit; car les premiers perdent la qualité de Français, tandis que les autres la conservent.

Or, cet esprit de retour dépend de l'intention, et celle-ci s'exprime formellement ou tacitement.

Elle s'exprime formellement par des déclarations expresses, par exemple, par la demande en naturalisation adressée au chef du gouvernement du pays où le Français est établi.

Elle est tacite au contraire, quand elle résulte d'un acte qui suppose nécessairement la volonté de changer de patrie.

C'est d'après ce principe que la loi fait résulter la volonté tacite : 1° d'un établissement non commercial ni temporaire, mais définitif et exclusif de l'esprit de retour; 2° du mariage d'une Française avec un étranger; parce que la femme suit la condition de son mari; 3° de l'acceptation

de fonctions politiques, judiciaires, administratives ou de service militaire chez l'étranger.

C'est encore d'après la même doctrine que la
demande adressée au roi, préalablement à toute
démarche formelle ou à tout acte de naturalisation tacite, d'une autorisation de le faire, et
l'obtention de cette autorisation excluant la re-
nonciation à l'esprit de retour et exprimant au
contraire une arrière-pensée affirmative, forment
exception à l'effet que le droit commun attache
à ces actes et faits.

Cette partie de notre législation intéresse non-
seulement les Français actuellement établis en
pays étranger, et ceux qui auraient le projet de
le faire par la suite, afin que les uns et les autres puissent prendre les précautions légales pres-
crites pour les soustraire aux conséquences rigoureuses de la loi, mais elle touche encore leurs
parents et successeurs régnicoles qui peuvent
avoir des raisons de réclamer, sur leurs biens
laissés en France, l'exercice des droits que la loi
accorde aux héritiers légitimes du mort civilement.

Ces réflexions s'appliquent surtout aux Français qui ont suivi les restes de la branche aînée
de la famille des Bourbons, ou les membres de
la famille de Napoléon, désignés par l'art. 6 de
la loi du 10 avril 1832, à ceux encore qui, dans
nos guerres, et surtout dans celle d'Afrique, ont
quitté les drapeaux de la France pour se ranger

sous la bannière de l'ennemi, et accepter de lui du service militaire ou des fonctions civiles quelconques.

Dans les prochains numéros, nous examinerons successivement :

1° La position générale et spéciale de tous et de chacun des Français auxquels nous faisons allusion;

2° L'état et les droits de leurs femmes et de leurs enfants nés et restés en France;

3° L'effet du mariage contracté en pays étranger, et la condition des enfants nés depuis la naturalisation autorisée et non autorisée;

4° Celle des enfants nés hors mariage;

5° Les formes de la reconnaissance ou de la légitimation;

6° Leurs droits successifs;

7° La forme des contrats de mariage, des donations entre-vifs faits par les Français en pays étrangers, des testaments;

8° Celle de tous actes en général et leurs effets en France;

9° La question que présente à résoudre le célèbre procès relatif à la succession de Mme de Feuchères, et dont la solution intéresse par les principes dont elle exigera la reconnaissance tous ses compatriotes résidant en France, leurs familles restées en Angleterre et les personnes avec lesquelles ils ont contracté des relations et des liaisons en France;

10° Enfin nous traiterons du droit d'asile des Français en pays étranger et des étrangers en France, des exceptions qu'y ont faites nos lois et les conventions diplomatiques entre la France et les puissances étrangères; de la juridiction criminelle sous ce rapport et du droit d'extradition relatif aux prévenus et aux condamnés, ainsi que de la position de chacun en ce qui concerne ses droits civils.

CHAPITRE III.

OBSERVATIONS COMMUNES AUX DEUX CHAPITRES QUI PRÉCÈDENT.

L'application des principes que nous avons posés, celle des règles que nous invoquons pour la discussion des divers points que nous avons indiqués, et de tous autres qui nous seraient révélés par les renseignements de nos correspondants, seront éclairées par la jurisprudence des tribunaux français et étrangers; les éléments de celle-ci nous présenteront aussi des questions neuves, et lorsqu'elles offriront des détails ou des solutions d'un intérêt général, nous nous empresserons d'en consigner les résultats; nous les accompagnerons en même temps de réflexions propres à en faire ressortir la portée sur les cas non prévus, et qui pouvant se présenter, devraient être décidés par les conséquences logiques de la doctrine consacrée par ces décisions.

JURISPRUDENCE SUR LES MATIÈRES DE LA 8ᵉ PARTIE, SAVOIR :
Sur le chapitre Iᵉʳ. — *Jurisprudence relative aux étrangers en France.*

Un étranger devenu Français par la réunion de son pays à la France, reprend sa condition primitive par la séparation de son pays d'avec la France.

En conséquence, la femme française qu'il aurait épousée pendant le temps de la réunion devient comme lui étrangère par le fait du démembrement, et ne peut le traduire en séparation de corps ou de biens devant les tribunaux français après ce démembrement ; ou du moins il peut valablement opposer l'incompétence, et lors même qu'il ne le ferait pas, les tribunaux peuvent d'office s'abstenir de connaître du procès.

Arrêt de cass. du 14 avril 1818. S. 18-1-193.

Il en serait autrement, si elle agissait après la dissolution du mariage ; on ne pourrait lui opposer la perte de la qualité de française, argument de l'avis cité du conseil d'état approuvé le 22 mai 1842.

L'art. 14 du code civil portant que l'étranger peut être cité devant les tribunaux de France pour les obligations par lui contractées envers un Français même en pays étranger, s'applique au cas où il s'agit de lettres de change souscrites entre étrangers en pays étranger et devenues plus tard la propriété d'un Français par l'effet d'un endossement.

Arrêt de cass. du 25 septembre 1820. S. 30-1-151.

Mais il ne serait pas applicable à une obligation de sa nature non négociable par voie d'endossement, et que le créancier étranger aurait cédée à un Français, pour se créer le droit d'invoquer sous le nom du cessionnaire la compétence posée par l'art. 14.

Arrêt de Douai du 27 février 1828. S. 28-2-284.

Il ne le serait pas non plus à une lettre de change souscrite par un étranger (un Anglais par exemple), au profit d'un autre étranger et payable hors de France, peu importe que la lettre de change ait été souscrite en France, et pour valeur reçue en France, si les débats s'agitaient entre deux étrangers.

Arrêt de cass. du 6 février 1822 S. 22-1-203.

Les étrangers qui demeurent en France sont justiciables des tribunaux français à raison des délits (par exemple celui de diffamation) qu'ils commettent en France, même à l'égard d'étrangers non résidant en France. La raison en est que les lois des 17, 26 mai 1819 et 25 mars 1822, sur la presse, qui punissent le délit de diffamation, sont des lois de police et de sûreté qui obligent sans exception tous ceux qui habitent le territoire. Code civ. 3; Code d'inst. crim. 63.

Arrêt de cass. du 22 juin 1826. S. 27-1-200.

Sur le 2ᵉ chapitre. — Jurisprudence relative aux Français en pays étrangers.

La femme française mariée à un Français qui va se fixer en pays étranger et s'y établir sans esprit de retour, et qui par conséquent va perdre volontairement la qualité de Français, est-elle obligée de suivre son mari? en d'autres termes, la règle de l'art. 214 du Code civil s'applique-t-elle à ce cas?

La difficulté fut soulevée lors de la discussion qui s'établit devant le conseil-d'état sur l'art. 214, et il la résolut pour l'affirmative.

Mais, en ce cas, la femme perd-elle la qualité de Française comme son mari?

L'art. 19 du Code civil porte que la femme française qui épousera un étranger suivra la condition de son mari, mais il ne s'explique pas sur le sort de la femme placée dans la position dont nous venons de parler; de là naît la question de savoir si on peut assimiler l'une à l'autre, et appliquer à la femme dont nous examinons la qualité le principe posé par l'article cité.

Nous ne le pensons pas, et en voici la raison:

Dans le cas de l'art. 19, la femme qui épouse un étranger sait parfaitement bien qu'elle devient étrangère, c'est donc par un acte libre de sa volonté et en pleine connaissance de cause qu'elle change de condition.

Mais la femme qui épouse un Français, ne

peut pas être présumée avoir l'intention , en se
mariant, de courir la chance de devenir étrangère,
et si la loi française lui fait un devoir de suivre son
mari en pays étranger, cette même loi ne peut
en même temps lui faire un crime d'avoir obéi
et la punir de l'exécution d'un engagement qu'elle
lui imposait.

Nous pensons que l'on peut avec avantage ar-
gumenter en faveur de cette opinion de la doctrine consacrée par la cour de cassation, dans un
arrêt du 19 mai 1830, S. 30-1-325.

Cet arrêt décide que la femme française mariée
à un étranger, lequel est décédé en France , reprend sa qualité de Française si elle continue de
résider en France après le décès du mari , qu'il
n'est pas nécessaire qu'elle déclare vouloir se
fixer en France. La raison qu'il en donne, est
que le mariage avait voilé et non éteint la qualité
de Française.

Or, ce motif a une portée plus étendue même
que celle que nous proposons à l'égard de la femme
française dont nous venons de parler. La question
nous paraît d'ailleurs résolue législativement ,
comme nous le supposons dans le cours de cette
troisième partie, par la disposition de l'avis du
conseil d'état approuvé le 22 mai 1812.

Quid de la femme française qui demande la
nullité de son mariage contracté avec un étranger ?

Il faut distinguer : si elle est demanderesse, elle

est tenue de s'adresser aux tribunaux du pays
de son mari, car le fait du mariage élève une
présomption, et les tribunaux français ne pourraient connaître du procès qu'autant que le mariage n'existerait pas; en se reconnaissant compétents, ce serait donc de leur part commencer
par décider ce qui est en question.

Si au contraire elle est défenderesse, et que
l'action exercée contre elle soit portée devant les
tribunaux français, elle pourra proposer par voie
d'exception la nullité du mariage sur lequel repose la demande, et saisir valablement le tribunal
de la question préjudicielle d'après le principe
que le juge de l'action est également juge de l'exception. Or, remarquez que les jugements des
tribunaux étrangers n'étant pas exécutoires en
France, il y aura toujours nécessité, lorsque l'exécution devra avoir lieu en France, de soumettre
la question aux tribunaux français.

Il est vrai que la cour de cassation a jugé le
27 novembre 1822 (S. 24-1-48), que la femme
française mariée à un étranger ne pouvait porter
devant les tribunaux de France sa demande en
séparation de corps, et les rendre juges du procès
contrairement à la volonté de son mari sur la
compétence.

Mais pour établir que le préjugé de cet arrêt
est sans influence sur la question, il suffit de faire
remarquer que, dans cette espèce, la validité du
mariage, non-seulement n'est pas mise en ques-

tion ; mais qu'elle est au contraire formellement reconnue : par conséquent la femme ne repousse pas, comme dans l'autre hypothèse, la qualité d'étrangère, elle la confesse, elle l'avoue, elle ne proteste pas contre la validité de l'acte duquel on la fait ressortir à son préjudice.

La permission écrite, c'est-à-dire, une ordonnance du roi, est-elle indispensable pour autoriser un étranger à établir son domicile en France et pour lui donner la jouissance des droits civils attachés au domicile autorisé ?

Cette question dépend de celle de savoir si, en pareille matière, une permission tacite peut remplacer une autorisation formelle.

Or, il est de principe en droit commun que la première supplée la seconde dans tous les cas pour lesquels la loi n'a pas fait d'exception expresse, par conséquent, il suffit que la loi n'ait pas exigé une autorisation écrite, et proscrit expressément le mode d'une autorisation tacite, pour que l'usage de celle-ci doive être admis.

Aussi la cour de cassation a-t-elle rendu hommage à ces principes en décidant, par arrêt du 24 avril 1827, qu'un étranger peut être réputé domicilié et jouissant des droits civils en France, encore qu'il ne soit pas justifié qu'il ait obtenu du roi l'autorisation d'y établir son domicile, S. 28-1-212.

Mais on doit concevoir que pour faire résulter de la simple tolérance une autorisation tacite, il faut qu'il y ait de la part de l'étranger dont il s'agit, des actes connus du gouvernement et de ses préposés, *et vice versa* des actes du gouvernement envers l'étranger, exprimant l'intention de réputer le droit d'autorisation acquis d'une part et concédé de l'autre.

QUATRIÈME PARTIE

RELATIONS COMMERCIALES.

Il importe aux Français qui veulent commercer avec l'étranger, et aux étrangers qui veulent commercer avec la France, de connaître les règles établies entre la France et les divers états avec lesquels il s'agit de former des rapports commerciaux.

Le commerce qui consiste dans un échange, lors même que l'un des contractants ne fournit que de l'argent en retour de la marchandise qu'il reçoit, ne s'opère entre localités diverses que par le transport des marchandises d'un point sur un autre.

Ce transport s'effectue ou par terre, au moyen des routes et chemins, ou par la mer et les fleuves, que l'on peut considérer comme de grandes voies de communication.

Toutefois, la différence qui existe naturellement entre les routes d'un état, qui sont la propriété de la nation sur le territoire de laquelle elles existent, et les voies de communication par eau, en apporte une dans le droit qui en règle l'usage.

Ainsi, chaque puissance est libre de soumettre aux dispositions législatives qu'elle juge à propos de créer la police et l'usage des voies de communication par terre situées dans l'enceinte de ses limites.

Mais relativement aux voies par eau, il faut distinguer : s'il s'agit de canaux ou même de rivières et de fleuves entièrement situés dans l'intérieur de son territoire, c'est-à-dire, dont les deux rives lui appartiennent, le droit est le même; et il faut qu'il soit le même, car chacun doit être maître chez soi, sauf concessions particulières par lui consenties ou à lui imposées, lesquelles constituent des dérogations aux droits résultant de la propriété.

Mais si l'une des deux rives seulement lui appartient, ce qui arrive lorsque le fleuve ou la rivière sert à marquer les limites de deux états, alors la communication est commune entr'eux, et chacun peut en user sauf à déterminer par un traité le mode de jouissance.

Quant aux tiers ils ne peuvent y prétendre aucun droit, et lorsqu'ils en usent ils doivent, comme les étrangers qui en traversant un pays suivent les routes tracées, se conformer aux lois et réglements établis par les états propriétaires, à moins que des dérogations à cet effet de la propriété n'aient été stipulées à leur profit et octroyées par les riverains.

Ces observations ne peuvent s'appliquer à la

mer, parce que sa nature, sa substance répugne
à ce qu'elle soit susceptible de propriété privée,
soit au profit d'un particulier, soit au profit d'une
corporation, même nationale.

Elle est donc, relativement aux diverses nations du monde entier, ce que sont relativement
aux membres d'un état les routes et canaux de
cet état : la propriété n'en appartient à aucun
d'eux en particulier, mais l'usage en est et en
doit être commun à tous.

Nul n'a donc exclusivement le droit de régler
le mode de jouissance.

Mais d'une part, chacun peut faire pour ses
ports telles lois que bon lui semble, parce que
s'ils touchent à la mer, ils font néanmoins partie
intégrante du rivage qui lui appartient.

De l'autre, le droit de jouissance de la mer ne
peut être exercé par une nation au préjudice des
autres, c'est-à-dire, d'une manière nuisible à l'intérêt général des puissances.

Or, les règles qui sont stipulées à cet égard
par les traités forment le droit des gens international maritime.

Mais ici se représentent pour recevoir leur
application les observations que nous avons faites sur les conséquences de ce droit, chapitre 1er;
le plus fort le viole ou s'en joue impunément, et
le droit ne consiste réellement que dans le système d'équilibre européen, parce que le concours
de tous les états est la seule puissance capable de

faire respecter par l'usurpateur des principes
qu'il est de leur intérêt commun de maintenir.

Le droit international commercial maritime,
se compose donc de deux éléments, savoir : le
droit général commun à toutes les nations sur
l'usage de la mer, et le droit spécial établi par
chacune d'elles relativement aux ports et riva-
ges de son territoire.

On voit d'après ces explications que, pour
embrasser la sphère du droit international commercial dans toute son étendue, il est nécessaire
de le considérer sous le point de vue que pré-
sentent ses deux grandes divisions, savoir : le
commerce en général et celui qui s'effectue par
eau en particulier.

Pour les distinguer par des dénominations dif-
férentes, nous conserverons au premier la défi-
nition de relations commerciales, et nous donnerons au second celle du droit de navigation, car il
n'a pas pour objet positif le commerce par rapport aux marchandises, mais seulement par
rapport aux moyens de les transporter ; il n'est
donc en réalité qu'une subdivision du premier.

En effet, celui-ci comprend dans sa généralité les lois du commerce, quelle que soit la voie
employée pour en effectuer les actes, tandis que
le second n'est, comme nous venons de le dire,
relatif qu'à l'un des moyens de l'opérer.

Comme cette partie est de la plus haute importance, nous la traiterons avec les détails qu'elle comporte, et pour remplir ce but, nous placerons dans un premier chapitre la France en regard des autres puissances ; ensuite, dans un second, nous ferons pour chacune de celles-ci, appelées successivement dans leur ordre alphabétique, la même opération, en commençant en conséquence par donner la notice du droit établi par les douanes allemandes.

La liberté étant, au commerce ce qu'elle est à l'homme, l'état naturel et primitif, ou pour mieux dire une conséquence de la civilisation, nous devons la considérer comme étant de droit commun, et ne nous occuper que de signaler les restrictions qui y ont été apportées de la part des nations étrangères à l'égard de la France, et réciproquement de la part de celle-ci envers les autres. En un mot, le principe général est que tout commerce non prohibé devient par cela même licite. Ce sont donc bien plus les prohibitions que les permissions qu'il faut connaître, pour avoir une idée exacte de l'étendue et de la latitude commerciale qui appartient aux nationaux de chaque pays.

Cette indication du point de vue sous lequel nous nous proposons, d'examiner les règles concernant les opérations commerciales de chaque pays, divisera naturellement en deux paragraphes ce que nous aurons à dire pour chacun d'eux.

Dans le premier, nous exposerons les principes de la législation sur le commerce en général
de la nation dont nous parlerons, dans ses rapports avec la France, ou sur celui de la France
dans ses rapports avec les autres pays; abstraction
faite de la voie employée pour les communications
qu'exigent ces actes; et comme l'intérêt de l'état
détermine souvent le gouvernement à attirer dans
l'intérieur certaines marchandises ou à favoriser
l'écoulement de certains produits par des primes
d'importation ou d'exportation, que les dispositions qui établissent ces primes ont une intime re-
lation avec les douanes, dont l'administration est
ordinairement chargée de constater les entrées et
les sorties et d'acquitter les primes, nous ne sépa-
rerons pas les règles qui les concernent de celles
qui touchent au tarif des douanes.

Dans le second paragraphe, nous ferons connaître les divers empêchements qui viennent s'a-
jouter à ceux du commerce en général, et qui
ont leur source exclusive dans la nature de la
voie par laquelle s'opère le transport des objets
du commerce des nations.

Ce plan ainsi tracé, nous consacrons, comme
nous l'avons annoncé, le premier chapitre à l'exposé du tableau des entraves apportées par la
France, dans son intérêt, à la liberté du commerce avec les autres puissances.

CHAPITRE Ier.

DES OBSTACLES APPORTÉS PAR LA FRANCE AU COMMERCE EN GÉNÉRAL, ET RÉSULTANT, OU DES DOUANES, OU DES CONTRIBUTIONS INDIRECTES SUR LES BOISSONS, OU DES OCTROIS MUNICIPAUX, OU ENFIN DES DROITS DE LA NAVIGATION FLUVIALE ET MARITIME.

Il en sera traité en autant de paragraphes.

§ 1er.

DES DOUANES FRANÇAISES, DES PRIMES, DES PROHIBITIONS D'IMPORTATION OU D'EXPORTATION, DU TRANSIT ET DES ENTREPÔTS.

Les droits établis par les lois des douanes, ont pour principe, 1º de procurer à l'état un revenu imposé à la consommation ; 2º de favoriser le développement et les progrès de l'industrie nationale; 3º enfin, de combiner ces considérations avec la juste protection due à l'intérêt de la consommation réclamée par les besoins du pays.

C'est pour cela qu'ils doivent, en thèse générale, peser sur tous les objets qui entrant dans un pays sont destinés à ses habitants, et que le chiffre de ces droits doit être fixé en raison de la nature des besoins et des moyens présumés de ceux qui les éprouvent.

Mais cette règle générale reçoit dans son appli-

cation des exceptions tirées du second principe
ci-dessus énoncé, de la nécessité de favoriser le
commerce national de manière à maintenir de
son côté un juste équilibre entre ses ventes et
ses achats avec la masse des autres peuples, car
lorsque cet équilibre est rompu, celui qui achète
plus qu'il ne vend se ruine. Comme la conséquence de la proposition inverse démontre qu'il
est avantageux pour une nation de vendre plus
qu'elle n'achète, il s'en suit qu'il est de l'intérêt
de chaque état d'arriver à ce résultat; mais
comme il est en même temps de l'intérêt des
autres de s'en défendre, il serait à craindre que
des mesures prises de la part du premier dans ce
but exclusif, ne provoquassent de justes repré-
sailles de la part des autres, et qu'en conséquence
ceux-ci ne fermassent leurs marchés aux produits
du premier, soit directement par une interdiction
absolue, soit indirectement par une élévation du
tarif dont ils frapperaient les provenances de cet
état monopoleur à l'introduction sur leurs terri-
toires.

Les règles qui doivent servir à déterminer la
quotité des droits d'entrée et de sortie, les prohibitions absolues soit d'importations, soit d'exportations, les primes, sont fondées, comme on
le voit, sur des principes et des considérations
d'une mobilité en rapport avec les fluctuations du
commerce et de la politique; par conséquent elles
doivent, pour être continuellement en harmonie

exacte avec leurs causes, subir les variations de celles-ci.

Aussi, n'en est-il pas de cette partie du droit comme de celle qui concerne les autres espèces d'impôts; ce n'est pas la considération des besoins de l'état qu'il faut uniquement consulter pour régler la quotité de la perception, et d'un autre côté il ne serait pas sans inconvénient qu'à l'instar des autres tarifs, celui des douanes fût irrévocablement arrêté, même seulement six mois à l'avance et pour l'espace d'une année entière.

En effet, dans l'intervalle de temps qui s'écoule nécessairement entre la loi et sa mise à exécution, des éventualités imprévues nées depuis son émission peuvent survenir dans les relations commerciales, et rendre nécessaires dans l'intérêt de l'état des modifications au réglement arrêté.

Voilà pourquoi la loi des douanes du 17 décembre 1814 accordait expressément, par son art. 34, au pouvoir royal, le droit de modifier le tarif établi par la loi, d'imposer des prohibitions, en un mot de faire aux dispositions de la loi elle-même, tels changements provisoires que l'intérêt public pourrait, en cas d'urgence, rendre nécessaires, soit pendant, soit après la session des chambres, à charge de soumettre ces dispositions à leur approbation, soit avant la clôture de la session si elles avaient été prises pendant sa durée, soit à la plus prochaine réunion des chambres si elles n'avaient eu lieu qu'après.

De cette variation incessante dans la législation des douanes, qui tient à la nature même du droit, qui en est la condition élémentaire inhérente à sa substance, il résulte qu'aujourd'hui le corps du droit y relatif, se compose d'une foule de lois et d'ordonnances qui s'abrogent respectivement dans plusieurs de leurs parties, en sorte que c'est un travail immense et difficile que celui de les coordonner et de faire ressortir, au milieu de cette collection de réglements successifs et souvent contradictoires, les dispositions particulières en vigueur aujourd'hui sur chaque objet de leurs prévisions.

Cet extrait, présentant l'état actuel du droit, serait sans doute très-intéressant ; il est même indispensable à l'administration, pour lui indi-quer à chacune des périodes de l'année les per-ceptions qu'il est de son devoir de faire connaître à ses préposés, et qu'il entre dans les obligations de ceux-ci d'exiger.

Il n'est pas moins nécessaire au commerce pour mettre ceux qui l'exercent en situation d'apprécier l'influence que doivent avoir les nou-velles règles sur le prix des marchandises, et d'y approprier leurs combinaisons commerciales pas-sées, actuelles et futures.

Mais, nous le répétons, ce tableau est l'objet d'un travail qui exigera des recherches, des com-paraisons tellement multipliées qu'il est impossi-ble de fixer à moins de six mois l'époque à la quelle il sera possible de le présenter à nos abonnés.

Mais nous nous engageons à le leur donner, et à employer pour sa rédaction un procédé qui leur offrira l'avantage inappréciable de pouvoir le mettre en rapport courant et continu avec les innovations successives que la législation introduit chaque jour dans cette partie des impôts publics.

En attendant, nous donnerons dans cette livraison une nomenclature des lois et ordonnances intervenues, afin qu'on puisse les consulter, et que d'un autre côté on puisse aussi se convaincre de l'étendue et des difficultés de la tâche que nous nous imposons.

L'ancienne législation des douanes se composait des dispositions de l'ordonnance du mois de février 1687, et d'une foule de règlements postérieurs qui l'avaient expliquée, étendue et modifiée.

La nouvelle législation date de la loi du 22 août 1791, qui l'a établie, mais cette loi a éprouvé des modifications et subi des additions considérables, et en cela elle a suivi la destinée inhérente à sa nature.

Nous citerons, comme ayant produit ces effets, les lois des 5 septembre 1792, 15 août 1793, 4 germinal an II, 14 fructidor an III, 19 vendémiaire an VI, 9 floréal an VII, 29 floréal an X, 8 floréal an XI, 22 ventôse an XI, 1er pluviôse an XIII,

30 avril 1806, 7 septembre 1807, 8 octobre 1810,
ordonnance du 26 avril 1814, lois des 17 décembre 1814, 20 décembre 1815, 28 avril 1810,
27 mars 1817, 21 avril 1818, 7 juin 1820,
27 juillet 1822, 17 mai 1826, et plusieurs ordonnances subséquentes que nous allons rappeler
par ordre chronologique, en indiquant sommai-
rement l'objet de chacune et en passant sous si-
lence celles qui, étant abrogées, sont devenue
sans utilité pour la science du droit existant
Nous indiquons donc seulement celles qui so'
intervenues aux époques et pour les causes
après :

Savoir : du 10-24 octobre 1829, ordonnance
pour fixer le droit d'importation des tapis de
laine et fils dits à côte et autres; du 25 no-
vembre-10 décembre 1829, idem, pour établir à
Chalampé (Haut-Rhin), un bureau de vérifica-
tion par lequel les boissons pourront passer à
l'étranger en franchise des droits prononcés par
les lois des 28 avril 1816 et 25 mars 1817.

Du 13-24 décembre 1829, idem, pour réduire,
à partir du 1er janvier 1830, les droits d'importation établis sur les salpêtres étrangers.

Du 13-19 mai 1831, pour fixer provisoirement
la prime d'exportation des draps, casimirs et autres tissus foulés de pure laine.

Du 2-11 juin 1831, idem, pour désigner de
nouveaux bureaux pour l'entrepôt des marchan-

dises prohibées, et un bureau de transit pour les marchandises de toute espèce.

Du 9-13 février 1832. Loi qui règle tout le droit relatif au transit et aux entrepôts.

Du 11-14 février 1832, ordonnance relative à l'exécution de l'art. 11 de la loi du 9 du même mois sur le transit et sur les entrepôts.

Du 16-25 juin 1832, ordonnance qui apporte des modifications au tarif des douanes.

D'après l'art. 8 de la loi du 2 décembre 1814, c'est au gouvernement qu'est attribué le droit de désigner les bureaux des douanes par lesquels il est permis d'importer ou d'exporter des grains, farines et légumes, à l'exclusion de tous autres.

En conséquence de cette faculté, la désignation a été faite par ordonnances royales des 17 janvier, 23 août 1830, 17 janvier 1832, 24 mars 1332, 3- 22 mars 1833, 18 août-11 septembre 1823, 19 mars-1er avril 1835, 27 décembre 1837, 27 janvier 1838, 24 mai-10 juin 1839, 1er-7 février 1840, 29 juillet-5 août 1840.

Une loi du 27 février-1er mars 1832 permet au gouvernement d'établir, par ordonnance, des entrepôts réels de douanes, de marchandises non prohibées dans les villes qui le demanderont.

29 juin-7 juillet 1833, ordonnance relative au tarif des douanes, dont elle modifie les dispositions, ou auquel elle en ajoute de nouvelles

2-5 juin 1834, ordonnance qui renferme de nouvelles dispositions sur le tarif des douanes ; importations, exportations, prohibitions établies ou levées.

8-15 juillet 1834, autre ordonnance sur *idem*.

22-28 août 1834, ordonnance relative à l'introduction des cotons filés.

24-26 juin 1835, *idem*, sur la fixation du droit d'importation des graines de lin.

20-24 juillet 1835, *idem*, sur la prohibition jusqu'à nouvel ordre, de l'entrée des drilles ou chiffons venant des échelles du Levant ou des côtes septentrionales de l'Afrique.

10-16 octobre 1835, ordonnance contenant un tarif de droits de douanes.

28-29 décembre 1835, *idem*.

22-27 janvier 1836, ordonnance relative à l'introduction, par voies navigables, des houilles entre Halluin et Baisieux.

26 février-4 mars 1836, ordonnance désignant les marchandises qui pourront être expédiées en franchise, des ports de la Corse, sur les ports de Toulon, Marseille, Cette et Agde.

26 mars-1ᵉʳ avril 1836, ordonnance qui astreint à l'autorisation préalable du ministre de l'intérieur les exportations permises sans condition, de France en Espagne, par l'ordonnance du 3 juillet 1835, qui est rapportée.

14-23 juillet 1836, autre ordonnance limitative

et prohibitive de certaines exportations de France en Espagne.

2-16 juillet 1836, loi sur les douanes. Elle convertit en dispositions législatives, conformément à l'art. 24 de la loi du 24 mai 1834, les ordonnances rendues sur cette partie, avec ou sans modifications, et elle crée des règles nouvelles.

4-7 décembre 1836, ordonnance qui établit ou modifie des droits de douanes.

20 juillet-1er août 1836, ordonnance qui affranchit du plombage des douanes les marchandises désignées au tableau y annexé, lorsqu'elles seront expédiées par cabotage, réexportation ou mutation d'entrepôts par mer.

25 août-26 septembre 1836, ordonnance qui applique la disposition de celle du 8 juillet 1834, relative aux foulards de l'Inde en écru, aux foulards imprimés, sauf l'application des droits fixés par la loi du 2 juillet 1836.

31 octobre-10 novembre 1836, ordonnance qui désigne les bureaux par lesquels pourra s'effectuer l'importation des peaux tarifées par la loi du 2 juillet 1836.

4-7 décembre 1836, ordonnance qui établit ou modifie des droits de douanes et de primes.

20-24 janvier 1837, ordonnance défendant l'exportation de certains commestibles, sans autorisation préalable du ministre de l'intérieur, par la frontière des Pyrénées.

13-18 mai 1837, ordonnance permettant l'im-

portation en franchise des tissus de soie dits foulards écrus destinés à l'impression pour l'étranger.

14-22 juin 1837, ordonnance permettant la
sortie, en franchise de droits de circulation, des
vins pour l'étranger, par Entre-deux-Quiers
(Isère).

25 juillet-2 août 1837, ordonnance sur les douanes qui prescrit l'exécution de celles des 10 octobre 1835, 17 mars, 8 août, 31 octobre, 1er novembre et 4 décembre 1836, sauf les modifications qu'elle y introduit.

25 juillet-1er août 1837, ordonnance relative à
l'importation des fils de laine.

25-27 novembre 1837, ordonnance relative au
droit d'entrée des houilles étrangères.

23-30 juillet 1838, ordonnance prohibitive de
l'exportation en Espagne de certaines marchandises par la frontière des Pyrénées, et par la partie du littoral qui avoisine l'Espagne, dans les
départements des Basses-Pyrénées et des Pyrénées Orientales.

2-10 septembre 1838, ordonnance relative à
l'importation des produits des îles de la Sonde.

23-30 juillet 1838, idem, relative à l'ouverture
des ports de Boulogne, de Cannes et de Paim-
bœuf à l'importation de certaines marchandises.

23-30 juillet 1839, ordonnance qui établit et
modifie des droits de douanes.

8-17 octobre 1838, ordonnance qui établit des

droits de douanes à la sortie, ou qui les modifie.

3-17 juillet 1838, ordonnance qui détermine les marchandises de transit susceptibles d'être accompagnées d'échantillons.

20 octobre-1ᵉʳ novembre 1839, ordonnance relative aux boissons expédiées à l'étranger en franchise de droit de consommation et de circulation.

7-13 juillet 1839, ordonnance qui ouvre certains bureaux à l'importation et en désigne d'autres pour le transit.

30 mai-10 juin 1839, ordonnance relative à la restitution du droit d'entrée sur les fontes employées à la fabrication des machines à feu pour la marine.

3-10 juin 1839, ordonnance portant publication de la convention commerciale conclue à Constantinople le 25 novembre 1838, entre la France et la Porte.

20 janvier-1ᵉʳ février 1839, ordonnance portant ouverture du bureau de Sarreguemines au transit des marchandises prohibées.

18-24 décembre 1839, ordonnance portant ouverture du bureau d'Urdos au transit des objets non prohibés, et à l'importation de certaines marchandises.

5-12 août 1840, ordonnance qui modifie le tarif de sortie des bois de construction.

1ᵉʳ-7 février 1840, ordonnance relative à l'ex-

portation des savons d'huile de palme et de coco fabriqués en France avec des matières tirées de l'étranger.

28 juillet-17 août 1840, ordonnance concernant les restitutions de droits alloués aux exportations de viandes et de beurre salés.

18-25 juillet 1840, ordonnance qui vise diverses ordonnances antérieures relatives aux douanes, et ordonne la continuation de leur exécution.

24-28 septembre 1840, autre ordonnance qui établit ou modifie des droits de douanes.

12 avril 1841, ordonnance qui ouvre le bureau d'Évrange à l'importation des grandes peaux brutes sèches d'origine européenne.

6 mai 1841, loi qui fixe un nouveau tarif de douanes, et résume sur cette partie les réglements faits par les ordonnances antérieures.

21 mai 1841, ordonnance ouvrant le port du Hàvre à l'importation des fils de laine y désignés, à charge du paiement des droits.

1er juin 1841, ordonnance réglant, conformément à l'attribution conférée à cet égard par la loi du 6 mai 1841 au pouvoir exécutif, l'application du droit d'entrée sur les fils de lin et de chanvre retords.

JURISPRUDENCE EN MATIÈRE DE DOUANES.

Lorsque, pour obtenir une prime d'exportation plus forte, l'expéditeur fait une fausse déclaration par laquelle il exagère la valeur de la mar-

chandise, il encourt une amende. Mais la condamnation à l'amende est-elle subordonnée à la
constatation et à la reconnaissance préalables, par
le tribunal, de la fraude? Cette question avait été
résolue pour l'affirmative par le tribunal de première instance, et il s'était fondé, pour le faire,
sur les dispositions des art. 17 de la loi du 24
avril 1818, et 7 de la loi du 27 juillet 1822, qui
autorisaient les juges à rechercher si l'inexacti-
tude dans les déclarations de l'espèce était le résultat de la fraude et avait pour but d'obtenir, par
surprise, un surcroît à la prime due, ce qui en-
traînait par conséquent, en faveur de l'autorité
judiciaire, le droit de s'abstenir d'appliquer la
peine en cas d'erreur par elle reconnue, et dès-
lors d'absence de mauvaise foi de la part du ven-
deur.

Mais la cour de cassation a, par arrêt du 13
janvier 1841, proscrit ce système, et décidé que
la reconnaissance du fait matériel seul suffisait,
indépendamment de toute question d'erreur ou
de bonne foi, pour constituer la contravention et
rendre la condamnation nécessaire.

Les marchandises exportées par terre doivent
être conduites par la voie la plus droite au premier bureau de sortie : cette règle s'applique aux
marchandises même exemptes de droits, aux termes de l'art. 4 du titre 3 de la loi du 4 germinal
an II.

Néanmoins, le taux de l'amende à prononcer

pour la contravention à cette prescription a varié, car, fixé d'abord à 50 fr. par la loi du 22 août 1791, il a été ensuite porté à 200 fr. par celle du 4 germinal an II

Toutefois, comme la disposition de la première de ces lois prévoyait spécialement le fait, tandis qu'il ne rentrait sous l'application de la seconde que par une disposition conçue en termes généraux, on pouvait douter si cette dernière devait être réputée l'avoir compris dans sa prévision.

Mais la cour de cassation a, par son arrêt du 20 janvier 1841, résolu la question pour l'affirmative, en annulant un jugement de première instance qui avait refusé de faire produire à la loi de l'an II l'effet d'abroger celle de 1791.

§ 2.

Des Contributions indirectes (Impôt sur les boissons).

Cet impôt, créé d'abord sous la dénomination de *droits réunis*, à laquelle on substitua celle de contributions indirectes, est régi par une législation qui se compose, en premier lieu, de la loi organique du 5 germinal an XII, et ensuite de celles des 27 ventôse an IX, 3 ventôse an XII; des décrets des 10 brumaire an XIV et 9 septembre 1810; des lois des 8, 21, 24 décembre 1814, 28 avril 1816, 25 avril 1817, tit. 7, 5 mai 1818, tit. 8, 17 juillet 1819, art. 1 et 3.

Cet impôt, considéré dans ses rapports avec le commerce, produit des effets analogues à ceux des droits de douanes, quoiqu'il n'ait pas pour principe exactement les mêmes causes; car, s'il forme obstacle au libre trafic des boissons, en ce qu'il en prohibe la circulation en franchise, comme le font les douanes, par les droits qu'elles exigent; et si encore il convient à la vérité avec ceux-ci, en ce que, comme eux, il a pour objet de procurer un revenu à l'état, c'est là son unique but, tandis que les douanes sont en outre établies, comme on l'a dit, dans l'intérêt de l'industrie indigène, et c'est en cela qu'elles diffèrent des contributions indirectes; enfin celles - ci s'éloignent aussi des octrois, en ce que ces sortes d'impôts ne sont établis, comme nous l'avons expliqué § 3, que dans l'intérêt des villes, et que le produit en appartient à l'administration municipale, pour être employé aux charges locales et particulières de celles - ci, tandis que la recette des contributions indirectes se verse au trésor, et est destinée au dépenses générales de l'état.

Nous verrons d'abord quelles sont les règles générales admises comme principes fondamentaux du droit sur cette partie.

Ensuite, les éléments législatifs et administratifs de ce droit, la forme de procéder, la compétence des tribunaux.

En troisième lieu, les circulaires de la direction et les décisions des tribunaux qui forment la jurisprudence; aujourd'hui nous nous bornerons à ce dernier objet, à raison de l'abondance des matières.

JURISPRUDENCE SUR CETTE MATIÈRE.

Lorsqu'une contrainte est entachée d'irrégularité, doit-elle être annulée dans tous les cas indistinctement ?

Il faut distinguer : si le vice reproché à la contrainte provient de ce qu'elle est fondée sur des actes irréguliers et inexacts, encore que la somme soit due par le contribuable, la contrainte doit être annulée, parce qu'elle a été décernée en dehors des conditions sous lesquelles la loi permettait qu'elle fût délivrée. Si au contraire elle ne pèche que par le chiffre trop élevé de la somme réclamée, les tribunaux doivent la respecter et se borner à permettre la continuation de son exécution, jusqu'à concurrence de la somme qu'ils reconnaissent légitimement due.

Ces principes ont servi de base à un arrêt de cass. du 26 mai 1830. S. 30-1-257.

En thèse générale (Code civ. 2046), la transaction faite sur un délit n'emporte extinction que de l'action civile qui appartenait à la partie lésée; en conséquence, elle ne peut empêcher, arrêter, ni suspendre l'exercice de l'action publique (Code d'inst. crim., art. 4).

Mais, en matière de contributions indirectes, il y a exception à cette règle, et le législateur a voulu que la transaction faite avec l'administration eût pour effet d'anéantir les deux actions, civile et publique.

Cette distinction a été admise par la cour de cass., dans un arrêt du 26 mars 1830. S, 30 1-304.

Une question assez grave sur le pouvoir des tribunaux, en matière de contributions indirectes, est celle de savoir si la preuve de la matérialité du fait prévu par la loi suffit pour les obliger à infliger la peine qu'elle a prononcée.

On aurait pu, pour la négative, tirer argument de la similitude des fonctions de juges au correctionnel avec celles de jurés au criminel, pour en conclure qu'ils avaient, comme ceux-ci, le droit de s'immiscer dans l'appréciation de la moralité du fait et de statuer en conséquence.

Mais la raison de décider pour l'affirmative se tire de ce que, dans les lois fiscales, la culpabilité étant attachée par l'effet d'une présomption légale à la matérialité, cette présomption s'oppose à l'admission d'une distinction qu'elle proscrit.

Cette doctrine a été adoptée par la cour de cass. toutes les fois que la question s'est présentée devant elle. Nous citerons, pour le prouver, ses arrêts du 9 juin 1826. S. 27-1-181. Du 31 mai 1822 S., 22-1-38, du 11 février 1825, S., 25-1-342, du 10 décembre 1825, S. 26-1-319.

L'art. 64 du Code pénal porte qu'il n'y a ni crime, ni délit, lorsque le prévenu a été contraint par une force à laquelle il n'a pu résister.

De là on conclut avec raison que d'après ce principe, applicable en toute espèce de matière pénale, par conséquent en matière de contributions indirectes, si le prétendu contrevenant prouve le cas de force majeure, il doit être absous.

Mais aussi, il faut que le fait de force majeure soit prouvé; si donc il n'est pas avoué par la régie, il sera nécessaire que le contrevenant l'établisse d'une manière légale.

Mais quelle preuve sera considérée comme légale en pareil cas ?

Ce sera celle dont la constatation de ce fait sera susceptible.

Cependant, la cour de cass., après avoir jugé le 28 avril 1813, S. 13-1-275, conformément à ces principes, est revenue sur sa jurisprudence et a prononcé en sens inverse le 27 février 1823, S. 23-1-181.

Mais comme cette seconde décision ne peut reposer que sur une dérogation à la maxime de l'art. 64 précité du Code pénal, loi générale en matière de délits, et que les lois spéciales aux contributions indirectes n'en renferment aucune de ce genre, nous persistons avec confiance dans la solution que nous venons de donner.

Les cautions des redevables étant devenues

elles-mêmes redevables, par l'effet du cautionnement qu'elles ont prêté, il s'ensuit que le privilége accordé à l'administration sur les meubles
des redevables, par l'art. 47 du décret du 1ᵉʳ germinal an XIII, s'étend ou plutôt frappe sur
celui de leurs cautions ; le décider autrement,
ce serait, par interprétation, introduire dans l'application de cet article une distinction qu'exclut
la généralité de ses expressions.

Voilà pourquoi la cour de cass. a, par arrêt du
18 janvier 1841, S. 41-1-224, annulé un jugement du tribunal de Nantes qui avait statué en
sens contraire.

§ 3.

Des droits d'octrois municipaux.

Il n'en est pas des octrois comme des douanes,
ils n'ont pas pour objet de favoriser l'industrie
intérieure, et de la préserver de la concurrence
fatale de l'industrie étrangère ; le but de leur
création n'est pas non plus de procurer des re-
venus à l'état ; ils ne sont établis que sur la demande des villes et pour leur assurer des ressources correspondant à leurs charges ; en outre, à
la différence des douanes, ils n'affectent en général que les comestibles, combustibles, fourrages
et matériaux; ils ne prohibent ni importations,
ni exportations et n'allouent jamais de primes.

Mais comme ils se perçoivent tous à l'entrée

de chacune de celles qui en a obtenu la faculté, sur les objets de consommation qui sont énumérés en son tarif, et qu'aujourd'hui toutes les villes sont placées dans cette position, il s'ensuit que ces sortes d'impôts peuvent être classés, relativement aux marchandises qu'ils affectent, parmi les entraves pécuniaires apportées à la circulation de ces marchandises. Nous nous servons de ces expressions, *entraves*, parce que nous considérons comme tel, au point de vue commercial, tout règlement qui déroge au principe de franchise, qui est le droit naturel, le droit commun aux produits de la nature ou de l'art destinés aux usages des hommes.

La raison qui nous a déterminé à considérer les douanes comme entravant la liberté du commerce, par l'exception qu'elles font à ce principe, étant la même pour les octrois, nous avons dû les ranger sur la même ligne.

Supprimés lors de la révolution de 1789, les octrois, ou plutôt le droit d'en imposer la perception, fut reconnu par une loi du 9 germinal an v, laquelle portait que la perception par une ville ne pourrait en être faite qu'après autorisation du corps législatif; mais une loi subséquente, du 5 ventôse an viii, délégua au gouvernement le droit d'accorder à l'avenir ces sortes d'autorisations. La législation sur cette matière fut renouvelée et perfectionnée par un décret impérial du 17 mai 1809; un décret subséquent, du 8 fé-

vrier 1812, avait réuni les octrois à l'administration des contributions indirectes, mais la séparation fut rétablie postérieurement par la loi du
8 décembre 1814, art. 121, qui les replaçà dans
les attributions de l'autorité municipale. Leur
réorganisation nouvelle fut en conséquence l'objet d'une ordonnance du 9 décembre 1814.

Nous aurons à examiner le droit des octrois
relativement aux entrepôts réels et fictifs et au
transit.

Quant à la perception, elle peut être considérée sous deux points de vue, sous celui de
l'exécution du tarif par rapport à l'application
du droit en lui-même et à sa quotité, et sous celui du mode de l'opérer.

La compétence et le mode de procéder sur les
contestations élevées entre l'administration et les
contribuables formeront le troisième objet de
notre examen.

Dans un quatrième enfin, nous donnerons le
résumé des décisions administratives et judiciaires qui constituent la jurisprudence sur cette
partie de notre législation et éclairent son application, et c'est par-là que nous commencerons
aujourd'hui.

JURISPRUDENCE SUR CETTE PARTIE.

De ce que les octrois ne peuvent maintenant
être établis qu'en vertu d'une ordonnance royale,
il s'ensuit que la contravention à ceux qu'une

8

ville créerait sans cette autorisation ne serait passible d'aucune peine. Aussi la cour de cassation, par arrêt du 15 janvier 1819, S. 20-1-215, a-t-elle jugé conformément à ces principes.

Les expressions *foin* et *sainfoin*, employées dans un tarif, sont génériques, et s'appliquent dès-lors à toutes espèces de foins.

C'est conformément à ces principes que la cour de cassation a jugé, le 29 mai 1829, S. 29-1-138, que le regain, ou seconde, troisième fauchaisons faites dans les prés, étaient passibles du droit fixé par le tarif pour les foins et sainfoins.

Comme l'octroi n'a pour objet que de frapper sur les consommations qui se font dans le lieu assujéti, il s'ensuit que les provisions existantes sur un navire en relâche dans le port, lorsqu'elles sont régulièrement déclarées devoir rester à bord pour la consommation des gens de l'équipage, sont exemptes de tout droit d'entrée et d'octroi. Aussi la cour de cassation a fait l'application de cette règle dans un arrêt du 24 juillet 1820, S. 21-1-87, en décidant que la disposition de la loi du 6-22 août 1791, sur le commerce maritime, n'avait été, sous ce rapport, modifiée par aucune loi subséquente.

Les employés de l'octroi n'ont pas le droit de visiter les personnes voyageant à pied à leur entrée dans une ville assujétie, ils n'ont que le droit de les conduire devant un officier de police judiciaire, et la cour de cassation a jugé le 25 août

1827, S. 28-1-27, que par les mots *voyageant à pied*, on devait entendre toute personne entrant à pied dans une ville.

La tentative d'un délit, en général, n'est punissable qu'autant que la loi a établi une peine spécialement et nommément pour cette tentative. A défaut de disposition positive comprenant expressément et isolément la tentative dans sa prévision, les tribunaux ne peuvent lui appliquer aucune peine.

C'est en exécution de ces principes que la cour de cassation a décidé, le 14 décembre 1821, S. 22-1-184, qu'il ne suffisait pas que le prétendu contrevenant eût tenté d'introduire en fraude des objets assujétis aux droits d'octroi, et que tout le temps que l'introduction réelle n'avait pas été consommée, il n'était passible d'aucune peine.

Il faut cependant remarquer que le voiturier, par exemple, qui, avant d'entrer, fait au bureau la déclaration inexacte de son chargement, ne pourrait être admis à réclamer, par application de cette doctrine, son renvoi des poursuites, sous le prétexte qu'il n'y a pas eu introduction réelle de sa part, parce qu'en pareil cas la contravention résulte d'une autre cause que de celle d'introduction frauduleuse; c'est de la fausseté de sa déclaration, laquelle est un fait spécialement prévu et réprimé par la loi.

L'administration de l'octroi, ou pour mieux dire la ville, est relativement aux préposés qu'elle établit pour la perception, ce qu'est en général le mandant ou le commettant pour les faits du mandataire ou commis relatifs à l'exécution de la mission qu'il a confiée à ce dernier, il répond envers les tiers du dommage que celui-ci leur a causé dans cette exécution.

C'est conformément à ce principe que la cour de cassation a déclaré, par arrêt du 19 juillet 1826, S. 27-1-233, que l'administration de l'octroi était responsable du dommage causé par ses agens dans l'exercice de leurs fonctions, encore que ces agents soient nommés par le ministre et non par l'administration. La raison en est que le ministre, en se réservant et en exerçant le droit de nomination, fait un de ces actes de haute tutelle qui appartient au gouvernement sur l'administration des communes, qu'ainsi le fait du ministre est réputé celui de la ville, comme le fait du tuteur, dans la sphère de ses fonctions, oblige le pupille.

Il y a exception, en faveur des courriers de la malle, à la nécessité d'une déclaration préalable des objets dont ils sont porteurs, destinés à la consommation d'une ville assujétie à l'octroi, avant leur introduction dans l'intérieur : les préposés doivent, en pareil cas, se présenter au déchargement des malles, exiger alors l'acquittement des droits.

Cette dérogation en leur faveur, qui est nécessitée par la nature du service qu'ils font, est consacrée par les art. 33 de l'ordonnance royale du

9 décembre 1814 ci-dessus rappelée, par l'art. 45 de la loi du 28 avril 1816; elle est motivée par la prescription de l'art. 10 de la loi de juillet 1793.

La cour de cassation a tout récemment rendu hommage à ces principes en rejetant, par arrêt du 2 janvier 1841, le pourvoi de la ville d'Avignon contre un jugement du tribunal de Carpentras, qui en avait fait l'application au courrier de la malle de Lyon à Avignon. S. 41-1-145.

Il y a fausse déclaration en matière d'octroi, et par conséquent contravention, toutes les fois que le conducteur, sur la réquisition de l'employé, répond qu'il n'est porteur d'aucun objet assujéti.

Peut-il être relevé de cette contravention, lorsque, au moment où les employés se disposent à vérifier son chargement, il rectifie sa déclaration primitive, et lui en substitue une nouvelle conforme à la vérité?

Nous ne le pensons pas, parce que du moment où sa déclaration a été faite, elle est acquise, quoique non encore constatée par écrit de la part du préposé.

C'est en se conformant à ces principes que, par arrêt du 24 novembre 1840, S. 41-1-144, la cour de cassation a décidé qu'il ne suffisait pas que la déclaration exacte précédât la visite, si cette déclaration avait été elle-même précédée d'une première déclaration mensongère, faite en réponse à l'interpellation du préposé.

Quid si des explications il résultait qu'il y avait bonne foi? Nous avons déjà eu occasion, dans le § 2, de faire remarquer qu'en matière fiscale il est de règle générale que les juges ne peuvent s'immiscer dans l'appréciation de la moralité du fait pour absoudre le prévenu ; c'est à l'administration seule qu'il appartient de prendre en considération les circonstances pour accorder des remises ou modérations

§ 4.

Des droits de navigation fluviale et maritime.

Ces droits diffèrent de ceux de douane, en ce sens qu'ayant pour cause l'indemnité due à chaque état des frais et dépenses que lui occasionne l'exercice de la navigation, ils sont indépendants des impôts d'entrée et de sortie, ou d'entrepôt dus par les marchandises transportées; ils constituent des espèces de droits de transit, en sorte que les navires qui y sont assujétis les doivent, lors même que leur frêt se compose d'objets qui circulent en franchise, et qu'ils sont tenus de les acquitter en outre des droits de douane, quand ce frêt est passible de ceux-ci; voilà pourquoi il est dit, art. 8 de l'acte diplomatique ci-après, du 9 juin 1815, que les douanes des états riverains n'auront rien de commun avec les droits de navigation ; mais ils conviennent avec les droits d'entrée et de sortie, en ce sens que l'obligation de les acquitter constitue, au libre exercice du commerce, des entraves pécuniaires, par conséquent des obstacles de même nature que ceux des droits de douane.

Pour mettre les commerçants français en position de se former une opinion exacte sur la portée que ces droits peuvent avoir, relativement aux expéditions qu'ils ont à faire ou à recevoir dans les diverses parties du monde, nous donnerons successivement l'état actuel du droit établi à cet égard avec chacune des puissances étrangères par les conventions politiques et les traités, relativement aux fleuves d'abord, puis relativement à la mer ensuite.

Nous commencerons par celui de ces actes diplomatiques qui embrasse la plus grande masse d'intérêts, c'est la convention internationale du 13 mars 1831.

Mais avant d'en exposer les stipulations, il nous paraît nécessaire d'en faire connaître les précédents.

Dans l'acte du congrès de Vienne du 9 juin 1815, signé par la France et par les autres puissances représentées au congrès, savoir : l'Autriche, l'Espagne, la Grande-Bretagne, le Portugal, la Prusse, la Russie et la Suède, il fut convenu, art. 96, que les principes généraux adoptés par le congrès de Vienne, pour la navigation des fleuves, seraient appliqués à celle du Pô.

Or, voici quels furent ces principes; ils sont

consignés en un protocole annexé au congrès de Vienne, sous la date du même jour, 9 juin 1815, dont l'intitulé est ainsi conçu :

« Réglement concernant la navigation des ri-» vières qui, dans leur cours navigable, sépa-« rent ou traversent différents états. »

Par l'art. 1er, les puissances dont les états sont séparés ou traversés par une même rivière navigable, s'engagent à régler d'un commun accord tout ce qui a rapport à sa navigation, et ce par des commissaires, d'après les principes suivants :

L'art. 2 porte que la navigation, dans tout le cours des rivières indiquées en l'article précédent, du point où chacune d'elles devient navigable jusqu'à son embouchure, sera entièrement libre et ne pourra être interdite à personne, en se conformant aux réglements arrêtés pour sa police.

L'art. 3, veut que le réglement à faire soit, autant que possible, le même pour tout le cours de la rivière et de ses embranchements et confluents navigables.

Aux termes de l'art. 4, les droits doivent être fixés d'une manière uniforme, invariable, et assez indépendante de la qualité différente des marchandises, pour ne pas rendre nécessaire un examen détaillé de la cargaison, autrement que pour cause de fraude et de contravention. La quotité de ces droits, qui en aucun cas ne pourront excéder ceux existant actuellement, sera déterminée d'après les circonstances locales, qui ne permettent guère d'établir une règle générale à ce sujet.

Le tarif, une fois arrêté, ne pourra plus être augmenté, ni la navigation grevée d'autres droits que par un nouvel arrangement entre les puis-sances.

Art. 5. Les bureaux de perception seront le moins nombreux que faire se pourra, et chacune des puissances n'aura isolément que le pouvoir d'en réduire la quantité.

Art. 6. Chaque état sera chargé de l'entretien du chemin de hallage sur son territoire, et des travaux nécessaires pour la même étendue dans le lit de la rivière.

Art. 7. On n'établira nulle part de droit d'é-tape, d'échelle ou de relâche forcée; ceux exis-tant ne seront conservés qu'autant que, abstrac-tion faite de l'intérêt local de l'endroit ou du pays où ils sont établis, ils seraient utiles ou né-cessaires, soit à la navigation, soit au commerce en général.

Art. 8. Les douanes des états riverains n'au-ront rien de commun avec les droits de naviga-tion.

Viennent ensuite les stipulations concernant en particulier la navigation du Rhin :

Art. 1er. La navigation du Rhin, du point où il devient navigable jusqu'à la mer, sera entièrement libre, soit en remontant, soit en descendant.

Art. 2. Le système établi pour la perception des droits sera le même pour tout le cours de la rivière et de ses embranchements et confluents.

Art. 3. Le tarif entre Strasbourg et la frontière des Pays-Bas, sera de 2 fr. en montant, et de 1 fr. 33 c. en descendant.

Le droit de reconnaissance restera fixé au taux arrêté par l'art. 94 de la convention sur l'octroi de la navigation du Rhin conclue à Paris le 15 août 1804.

Art. 4. Le tarif, une fois fixé, ne pourra être augmenté que d'un commun accord; le principe est que les droits de la navigation sont principalement destinés à couvrir les frais de son entretien.

Art. 5. Il n'y aura que douze bureaux de perception entre Strasbourg et la frontière du royaume des Pays-Bas.

Art. 6. La perception des droits se fera dans chaque état riverain pour son compte et par ses employés.

Art. 7. Chaque état entretient sur son territoire le chemin de hallage et une même longueur du fleuve.

Art. 8. Il y aura, près de chaque bureau, une autorité judiciaire chargée de statuer en première instance sur les difficultés élevées relativement à l'application de ce réglement.

Art. 9. Les appels de ces décisions seront portés, ou devant la commission centrale ci-après, ou devant le tribunal supérieur du pays.

Art. 10. Il sera établi, pour exercer un contrôle

sur l'exécution du règlement, une commission centrale.

Art. 11. Elle se composera de commissaires; chaque état riverain en nommera, elle se réunira à Mayence le 1er novembre de chaque année; elle désignera elle-même son président.

Art. 12. Il y aura un inspecteur et trois sous-inspecteurs.

Art. 13. L'inspecteur sera nommé par la commission, et les trois sous-inspecteurs seront nommés par les puissances.

Art. 14. Leurs places seront à vie.

Les art. 15, 16, 17 et 18 sont relatifs aux attributions de ces employés, à leur traitement, à leur retraite, aux droits de la commission sur eux.

La suppression des droits d'étape est étendue à ceux que les villes de Mayence et de Cologne percevaient sous le nom de droits de relâche, d'échelle ou de rompre charge (art. 19).

Les douanes des états riverains n'ayant rien de commun avec les droits de la navigation, elles resteront séparées de la perception de ces derniers (art. 22).

Les bateaux de l'octroi porteront le pavillon de leur puissance; il y sera ajouté le mot *Rhenus* (art. 23).

Les droits de navigation du Rhin ne pourront jamais être affermés, soit en masse, soit particulièrement (art. 24).

Aucune modération ni exemption de droit ne pourra être accordée (art. 25).

En cas de la survenance de la guerre entre quelques-uns des états situés sur le Rhin, les embarcations et les personnes attachées au service de l'octroi, jouiront du privilége de la neutralité; la navigation et la perception des droits continueront (art. 26).

Les dispositions réglementaires pour l'exécution et l'application des bases ci-dessus auront lieu par un arrêté définitif à intervenir à cet égard (art. 27).

Ce réglement sera fait par la commission centrale (art. 32).

Ces conventions furent suivies de celles ci-après, concernant la navigation du Necker, du Mein, de la Moselle, de la Meuse et de l'Escaut.

La liberté de la navigation, telle qu'elle a été déterminée pour le Rhin, est étendue aux rivières ci-dessus (art. 1er).

Abolition de tout droit d'étape ou de relâche forcée sur le Necker et sur le Mein (art. 2).

Interdiction d'augmenter les péages sur les deux rivières (art. 3).

Interdiction semblable pour la Moselle et la Meuse, relativement aux droits qui y sont perçus actuellement, en vertu des décrets du gouvernement français du 12 novembre 1806 et du 10 brumaire an xiv (art. 4).

Obligation pour les états riverains d'entretenir

les chemins de halage et les travaux nécessaires
dans le lit des fleuves, de la même manière que
cela est stipulé pour le Rhin (art. 5).

Réciprocité garantie aux sujets des états riverains du Necker, du Mein et de la Moselle, de
jouissance des mêmes droits de navigation sur
le Rhin, et aux sujets de la Prusse pour celle sur
la Meuse (art. 6).

Ces diverses conventions se résumaient, comme
on le voit, à consacrer en droit commun entre les
puissances,

1° La libre navigation du Rhin, du Pô, du
Necker, du Mein, de la Moselle, de la Meuse, de
l'Escaut, de tous leurs embranchements et confluents, depuis le point où ils commençaient à
être navigables jusqu'à la mer;

2° A déclarer que les droits à imposer sur la navigation devraient n'avoir pour fondement que le rem-
boursement des frais d'entretien et de perception;

3° A supprimer tous droits d'octroi qui n'a-
vaient pour objet que de procurer un revenu
quelconque à un des états riverains ou traversés;

4° A empêcher la confusion des droits de
douanes de chacun de ces états avec ceux de
navigation;

5° Enfin, à réserver la fixation du tarif et les
dispositions réglementaires destinées à l'application de ces principes aux diverses rivières et
états, à l'arrangement postérieur qui serait arrêté
entre les puissances,

Cet arrangement, qui devait être conclu dans le délai de six mois à dater du 9 juin 1815, était encore à faire lors de l'avènement de S. M. Louis-Philippe au trône des Français.

Depuis cette époque, le gouvernement s'en occupa, et le 31 mars 1831 il fut conclu et signé à Mayence, entre la France et les états riverains du Rhin, savoir : les princes souverains de Bavière, des Pays-Bas, de Prusse, de Bade, de Hesse et de Nassau, une convention portant réglement de la navigation dudit fleuve.

Cette convention ayant été ratifiée par le roi des Français le 28 mai 1831, la publication en fut prescrite par ordonnance du 26 juillet-30 août 1833.

Elle est divisée en dix titres, suivie de plusieurs tableaux et d'un protocole.

Le premier titre a pour objet la navigation du Rhin en général, et les arrangements et concessions réciproques convenus à ce sujet entre les hautes parties contractantes; il comprend treize articles du 1er de l'acte au 13 inclusivement. Nous allons en donner le résumé substantiel.

Il en résulte que la libre navigation du Rhin est de nouveau proclamée (art. 1er).

Que le roi des Pays-Bas consent à considérer le Seck et l'embranchement dit le Waal, comme la continuation du Rhin dans ses états (art. 2).

Que les navires appartenant aux sujets des états riverains, et faisant partie de la navigation rhénane, ne seront point obligés à transborder ou à rompre charge en passant des eaux du Rhin dans la pleine mer, et *vice versâ*, par le royaume des Pays-Bas (art. 3).

Que les marchandises qui, des eaux du Leck ou du Waal, passeront à la pleine mer, et *vice versâ*, seront soumises, lors de leur passage dans les Pays-Bas, à un droit fixe montant à 13 1/4 centièmes argent des Pays-Bas pour la remonte, et à 9 centièmes argent des Pays-Bas pour la descente, à l'exception des articles spécifiés dans le tableau joint sous la lettre A, qui paieront un droit fixe, soit plus, soit moins élevé, ainsi que l'un et l'autre y sont déterminés (4).

On trouvera les autres articles 5, 6, 7, 8, 9, 10, 11, 12 et 13 dans le *Bulletin des Lois*.

Le second titre a pour objet les droits de navigation et les moyens d'en assurer la perception. Il comprend l'art. 14 jusques et y compris l'art. 35. Il suffit, pour en connaître les dispositions, de se reporter à la source ci-dessus indiquée.

Le titre 3 s'occupe de l'application à la navigation du Rhin des lois sur les douanes des états riverains. — Il faut consulter le texte même de l'ordonnance indiquée pour connaître les articles de ce titre, ainsi que les titres 4, 5, 6, 7, 8 et 10, plus les tableaux et le protocole.

Enfin, une loi du 24-26 avril 1832 détermine tout ce qui est relatif à la navigation du Rhin, en ce qui touche les juges, la procédure d'une part, la responsabilité et les peines de l'autre.

L'art. 1er règle la compétence.

L'art. 2 désigne pour juges de première instance, les juges de paix.

Les art. 3 et 4 fixent l'étendue de leur juridiction en dernier ressort, et indiquent les tribunaux d'appel de leurs sentences en premier ressort.

L'art. 5 accorde l'autorité de la chose jugée en France aux décisions des puissances étrangères.

L'art. 6 prescrit aux juges la prestation préalable du serment.

L'art. 7 interdit le recours en cassation contre les jugements en cette matière.

L'art. 8 exempte les étrangers de la caution exigée par l'art. 16 du Cod. civ.

L'art. 9 soumet les actes de procédure et les jugements aux dispositions faites par les titres 1, 2, 3, 4, 5, 6, 7, 8, 9 et 10 du livre 1er du Code de procéd. civil, par les articles 144 à 165 du Code d'inst. crim., et les appels, à celles des articles 405 à 413 du Code de procéd., sans ministère d'avoués.

L'art. 10 permet au conducteur de navire de continuer sa route, nonobstant la procédure engagée, en fournissant caution.

L'art. 11 exempte de la formalité du timbre et des droits d'enregistrement les actes de procédure et les jugements.

L'art. 12 désigne les fonctionnaires chargés

de constater les contraventions, il en énonce l'effet sous le rapport de la preuve, et il fixe la prescription de l'action du ministère public.

L'art. 13 établit la peine pour chargement ou déchargement d'un navire sans permis préalable.

L'art. 14 en crée une autre pour contravention aux prohibitions faites d'attacher les navires l'un à l'autre, de charger sur le tillac, ou de transborder d'un bord à l'autre, hors des cas prévus.

L'art. 15 prononce l'amende pour toute fraude en matière de navigation sur le Rhin.

L'art. 16 prévoit certains cas de fraude.

L'art. 17 est relatif à la responsabilité qui pèse sur le conducteur.

Enfin, pour les cas non prévus, l'art. 18 veut que les juges s'en réfèrent à la pénalité des art. 464 à 470 du Code pénal.

Nous exposerons dans un prochain numéro les règles du droit de navigation d'entre la France et les autres puissances étrangères, successivement par ordre alphabétique.

Nous ferons connaître aussi la législation française sur les transits et les entrepôts, réglée par la loi du 9 février 1832, et par les dispositions légales postérieures.

JURISPRUDENCE EN MATIÈRE DE DROIT DE NAVIGATION.

Les bateaux à vapeur qui naviguent d'un port

de mer à un autre port de mer sont-ils soumis indistinctement au droit de navigation mari...me, ou peuvent-ils être assujétis à l'impôt du dixième du prix des places, dont sont frappées les voitures par terre et par eau ?

Il faut distinguer, si ces bateaux font la totalité ou seulement une partie du trajet sur une rivière.

Dans le premier cas, ils sont passibles envers l'administration des contributions indirectes de l'impôt du dixième établi par les lois des 9 vendémiaire an VI, art. 68, 69 et 73, et 25 mars 1817, art. 112.

Diverses compagnies de bateaux à vapeur avaient voulu résister à l'application de ces principes, mais la cour de cassation s'est prononcée contr'eux, et elle a décidé que nonobstant la circonstance que le point de départ et le lieu d'arrivée étaient chacun des ports de mer, il suffisait que le trajet se fît exclusivement sur une rivière, pour que le droit fût dû. Arrêts du 24 juillet 1840, S., 40-1-885 et du 12 janvier 1841, S., 41-1-269.

Dans le second cas, la circonstance que le bateau à vapeur faisant, comme l'autre, le service du transport des voyageurs d'un port à un autre, effectue une partie du trajet sur une rivière, ne suffit pas pour le faire considérer comme une voiture par eau dans le sens des lois précitées;

il ne peut donc être frappé que du droit de navigation.

Aussi, l'administration des contributions indirectes ayant élevé la prétention contraire contre la société des paquebots du Hâvre à Caen, son système fut proscrit par un arrêt de la cour de cassation du 1er décembre 1838, S., 39-1-440.

CINQUIÈME PARTIE.

DROIT ET QUESTIONS COMMERCIALES.

CETTE PARTIE SERA DIVISÉE EN DEUX CHAPITRES. LE PREMIER COMPRENDRA
LE DROIT ET LA JURISPRUDENCE COMMERCIALE, LE SECOND TRAITERA
DES QUESTIONS GÉNÉRALES ET PARTICULIÈRES D'ÉCONOMIE
POLITIQUE ET COMMERCIALE.

CHAPITRE Ier.

DROIT ET JURISPRUDENCE COMMERCIALE.

Ce chapitre comprendra dans une première
section, les lois et ordonnances nouvelles concernant le commerce et la navigation au fur et à
mesure de leur promulgation, et dans une seconde, la jurisprudence des tribunaux.

Ce ne sera pas un bulletin pur et simple contenant exclusivement et sèchement le texte, mais
un commentaire explicatif des dispositions nouvelles et destiné à en faciliter l'intelligence et
l'application.

SECTION Ire.

DES LOIS ET ORDONNANCES RELATIVES AU COMMERCE ET A LA NAVIGATION.

Comme il n'est intervenu aucune loi ni ordon-
nance du 1er janvier dernier au 1er avril, nous
passons à la seconde section.

SECTION II.

DE LA JURISPRUDENCE DES TRIBUNAUX.

§ 1er. — Sur le Commerce en général.

D'après les articles 138 et 187 du Code de commerce, l'endossement de la lettre de change et du billet à ordre qui n'est pas conforme aux dispositions de l'art. 137, c'est-à-dire, qui n'est pas daté, ou qui n'exprime pas la valeur fournie, ou qui n'énonce pas le nom de celui à qui il est passé, n'opère pas transport, il n'est qu'une procuration.

Ainsi, le porteur d'une lettre de change ou d'un billet à ordre qui n'est revêtu que d'un endossement, soit irrégulier, soit en blanc, n'est réputé que mandataire de celui qui le lui a transmis; par conséquent on peut lui opposer toutes les exceptions qu'on opposerait au mandant, par conséquent aussi le signataire de l'endossement peut, par l'action du mandat, demander au porteur la remise de l'effet ou le compte de sa valeur, lorsque celui-ci l'a reçue.

Cependant, cette application des principes ordinaires du droit sur le mandat serait contraire à l'équité, et même à la loi, si le mandataire prouvait qu'il a fourni la valeur à l'endosseur, car alors il en résulterait qu'il y a eu, de celui-ci au premier, transport de la créance, et que la remise manuelle de l'effet et la signature ont eu lieu, non par suite d'un contrat de mandat; mais bien par l'effet d'une vente ou cession; que dès lors le porteur n'est pas un simple mandataire, mais le véritable propriétaire; qu'en un mot, le billet ou la lettre de change a cessé, dès le moment de l'endossement, d'appartenir à l'endosseur et est devenu la propriété du porteur.

Toutefois, la question n'a pas paru devoir être résolue en ce sens d'une manière absolue, c'est-à-dire, envers et contre tous les intéressés indistinctement.

Or, voici la distinction que la jurisprudence a faite: entre l'endosseur et le porteur, toute preuve extrinsèque à l'endossement est admissible pour suppléer l'irrégularité de celui-ci et prouver le transport de l'effet, et cette espèce de preuve suffit pour qu'on doive le réputer propriété du porteur.

Mais au regard du souscripteur du billet à ordre, de l'accepteur de la lettre de change, c'est dans l'endossement lui-même que doit nécessairement se trouver la preuve de la transmission de la propriété de ce billet ou de cette lettre, à défaut de quoi, la disposition finale de l'art 138, portant que l'endossement irrégulier n'opère pas transport, et ne vaut que procuration, peut-être invoquée avec succès contre le porteur.

Dans une espèce qui ne remonte pas à un temps fort reculé, le souscripteur d'un billet à ordre endossé en blanc au porteur ayant opposé à celui-ci la compensation de créances qui lui ap-

partenaient contre l'endosseur, le porteur ob-
jecta qu'il réparait l'irrégularité de l'endossement en prouvant qu'il avait fourni la valeur;
qu'ainsi il devait être réputé, d'après la jurisprudence ci-dessus rappelée, propriétaire de l'effet;
que, par conséquent, on ne pouvait lui opposer
la compensation de créances contre son cédant
postérieures à la cession.

Ces moyens, plaidés devant la cour de Paris,
furent accueillis par arrêt du 8 avril 1837; et,
en conséquence, elle décida qu'étant établi au
procès, même par l'énonciation des endos, que
la valeur en avait été fournie, il s'ensuivait que
le porteur était sérieux, de bonne foi, que dès-
lors, aucune compensation ne pouvait lui être
valablement opposée du chef de son endosseur.

Mais, la cause discutée en cassation, il intervint
le 30 décembre 1840 un arrêt par lequel la cour
cassa la décision ci-dessus.

Ses motifs sont importants à recueillir, parce
qu'ils consacrent sur ce point de droit une distinction dont le principe sera fécond en applications, soit dans l'usage, soit dans les discussions
qui peuvent s'élever devant les tribunaux de commerce.

« Attendu, est-il dit, que si des preuves ex-
» trinsèques peuvent être admises pour établir en
» dehors de l'endossement la réalité du transport
» d'un billet à ordre, lorsque la contestation s'a-
» gite entre l'endosseur lui-même et le porteur

» qui tient ses droits de cet endosseur, il en doit
» être autrement, lorsque l'irrégularité de l'en-
» dossement est opposée par le souscripteur ; qu'à
» l'égard de ce dernier, c'est dans l'endossement
» lui-même que doit se trouver la preuve de la
» réalité du transport. »

On voit par cet arrêt qu'il est très-important
pour messieurs les négociants d'exiger des en-
dossements réguliers, car toute inobservation des
trois formalités de l'art. 137 du Code de comm.,
ou même seulement de l'une d'elles, laisse le porteur à la discrétion de l'endosseur, qui peut, en
s'obligeant envers le débiteur du billet ou de la
lettre de change, ressaisir la valeur de l'effet
au préjudice du porteur, et ne plus laisser entre
les mains de celui-ci, qu'un papier inutilisé.

§ 2. — Sur le Commerce maritime spécialement.

Le contrat d'assurance présente dans son exécution une question sur laquelle les auteurs ne
sont pas d'accord ; il s'agit de savoir, en cas d'a-
varie commune, quel lieu et quelle époque on
considérera pour régler entre l'assuré et l'assureur
la valeur des marchandises assurées.

Cette question paraît résolue au premier as-
pect par l'art. 339 du Code de commerce, qui
porte que, pour le règlement d'avarie à faire entre l'assuré et l'assureur, on considère la valeur
des marchandises au lieu du chargement ; mais
ce qui fait naître le doute, c'est que les art. 402,

114 et suivants, veulent que, pour le règlement à faire entre les chargeurs et les diverses marchandises qui doivent contribuer à l'avarie commune, on considère la valeur de ces marchandises au lieu du déchargement.

Il semblerait donc rationnel que l'on dût commencer par établir la contribution dont il s'agit, afin de déterminer la somme que l'assuré a reçue ou payée, avant qu'il ne pût s'adresser à l'assureur.

Mais ce n'est là qu'une règle de temps, car, que cette contribution soit déterminée avant ou après, il s'agit toujours de savoir au fond, quelle en sera la conséquence sur le règlement de l'avarie à faire entre l'assuré et l'assureur, sauf subrogation de celui-ci, jusqu'à due concurrence, dans les droits de l'assuré envers les chargeurs.

Or, voilà le véritable point de la difficulté.

Elle s'est présentée dans l'espèce suivante : Les sieurs Durin Chammel et autres, de Bordeaux, avaient assuré un chargement de papiers peints, vêtements, bijoux, comestibles, etc., fait sur un bâtiment armé à Gênes par le sieur Baratro, pour la destination des sieurs Bergès et compagnie, à la Vera-Cruz.

Pendant la traversée, on fut obligé de jeter une partie de la cargaison à la mer pour sauver le navire, ce qui présentait le cas d'une avarie commune. Arrivé au lieu de relâche, le capitaine fit constater qu'il y avait lieu de réparer le navire et de vendre les marchandises avariées ; les experts chargés de cette mission décidèrent que celles-ci devaient subir une perte de 20 pour 100. Enfin, au débarquement à la Vera-Cruz, les consignataires ne firent procéder à aucun réglement juridique de contribution ; le vaisseau et le chargement appartenant aux mêmes propriétaires, ils jugèrent qu'ils suffisait qu'ils établissent eux-mêmes cette contribution.

C'est en cet état de choses que l'action en indemnité résultant du contrat d'assurance fut exercée par eux, comme consignataires, contre les sieurs Durin, Chaminel et autres ci-dessus nommés.

Ceux-ci opposèrent que le réglement préalable de la contribution devait être fait au lieu du déchargement, avant que l'assuré ne vînt au lieu du chargement leur demander le prix de l'assurance.

Ce système reposait sur le principe que le premier réglement devait influer sur le second, et, en conséquence, les assureurs concluaient que le tribunal de Bordeaux devait se déclarer incompétent, et renvoyer la connaissance du litige au tribunal du lieu du déchargement, auquel la loi attribuait expressément juridiction spéciale pour faire le réglement entre tous les intéressés de la part contributive de chacun d'eux dans les avaries.

Il fut accueilli en première instance à Bor-

déaux, repoussé par arrêt de la cour royale de
la même ville, du 27 mars 1839, et le pourvoi
contre cet arrêt fut rejeté en cassation le 16 février 1841.

Doit-on, de ces décisions, tirer la conséquence
qu'après avoir payé la valeur intégrale au lieu
du chargement des marchandises jetées à la mer,
et de l'avarie causée aux autres, les assureurs seront sans recours en indemnité pour obtenir de
l'assuré la restitution de ce qu'il aura droit de recevoir, par suite de la contribution à opérer entre
lui et les autres participants à l'avarie commune?

Non sans doute : cette conclusion est repous-
sée par la bonne foi et par les principes qui rè-
glent les suites des conventions.

Si donc il résultait de la combinaison des effets donnés au contrat d'assurance entre l'assureur et l'assuré, et à la contribution entre les
participants à l'avarie commune, un bénéfice quelconque pour l'assuré, il devrait le précompter à
l'assureur dans la réception du prix de l'assurance, s'il avait reçu son dividende dans la contribution avant de toucher le montant de l'assurance, ou bien lui en restituer l'importance au cas
contraire.

Mais quand y aura-t-il bénéfice dans le sens
que nous indiquons?

Il y aura bénéfice toutes les fois qu'en ajou-
tant la somme reçue par suite de la contribution,
au prix de l'assurance, le chiffre formé de ces

TABLE DES MATIÈRES DU 1ᵉʳ TRIMESTRE 1842.

www.ingramcontent.com/pod-product-compliance
Lightning Source LLC
Chambersburg PA
CBHW062008200326
41519CB00017B/4717